CW00409028

*In copertina, Corinna,
come cameriera, forse
a Cortina d'Ampezzo,
inizio anni '50*

*Artwork di
Matthias Brandes*

Guido Comin
PoetaMatusèl

SOGNAVA CORINNA
il viaggio continua

volume 2

Con foto, disegni
e qualche poesia
di *PoetaMatusèl*

Editrice "Le Muse Scontente"
Copyright © 2021
Guido Comin PoetaMatusèl
Belluno, Italy * Berlin, Germany

*Dedicato
a mia madre
Corinna,
che mi regalò
la Vita;
e alla sua
sorellina minore,
Eugenia,
che prese il suo posto.*

*Dedicato
anche a tutti
i personaggi
che animano
queste pagine,
veri amici alcuni,
meri passanti
altri, troppi per
elencarli qui!*

La Vita è un guizzo
– splendido, fulmineo –
di airone grigio!

INDICE DEI CAPITOLI

DALL'AUTORE AL LETTORE,
O, MEGLIO: ASCOLTATORE
(Una specie di prefazione)

"Chi ben comincia..." è il titolo del primo capitolo, nella prima parte di questa lunga storia che ti sto raccontando. Tuttavia, non è mai certo che chi ben comincia sia "già a metà dell'opera"! Perché, ad esempio, a me pareva di avere iniziato abbastanza bene questa nostra bella avventura. Nostra, sì, certo, visto che siamo in due, qui: io che ti racconto e tu che mi ascolti. Per la seconda volta! Eppure, alla fine del libro mi sono trovato, nonostante ti avessi già narrato un bel mucchio di storielle, ad aver raggiunto solo il primo anno della mia vita inglese, o, meglio, londinese!

Eccomi dunque ad invitarti nuovamente qui, a chiederti la tua disponibilità ad ascoltarmi ancora per un poco, perché di storie da raccontarti io ne avrei davvero ancora numerosissime. Storie vere, mica romanzate. Tutte cose accadute davvero, in luoghi reali, non virtuali, e con personaggi che sono o sono stati persone vere, in carne ed ossa. Come tu ed io.

Mi permetto di dare per scontato che tu ricordi bene la parte che ti ho già raccontata, perché altrimenti farai fatica a cogliere certi riferimenti a luoghi o personaggi incontrati allora. Per aiutarti a goderti al meglio la mia narrazione, ti ricordo inoltre che proprio di narrazione si tratta, non di scrittura. A tal fine, ti ripeterò ora ciò che già ti dicevo in quella prima parte. *Repetita iuvant?* Abbi pazienza! Oppure salta la prossima pagina.

Con queste mie umili pagine, che non hanno alcuna pretesa di essere un'opera letteraria, ma umana di sicuro, spero di poter dare qualcosa a qualcuno, di toccare le corde di qualche cuore, che riesca a riconoscersi tra le mie righe; tanto o poco. Se dovesse succedere a *te*, fai tesoro della musica che sentirai. Io cercherò di parlare a bassa voce, se non addirittura di sussurrare. Qualche volta, invece, magari urlerò, anche. Anzi, no, di sicuro lo farò. Preparati! Perché c'è tanto di che urlare ...

Ma per lo più parlerò piano. Così che tu potrai meglio ascoltare la *tua* musica. Sì, perché – vedi – la vera musica sarà proprio la *tua*. L'elemento più importante di questo mio libro non saranno le vicende che io ti racconterò. E nemmeno le emozioni o i sentimenti che tenterò di descrivere. Perché io non sono uno scrittore. Non ho mai scritto e non so scrivere. Non in prosa, cioè, perché io sono poeta e non è proprio la stessa cosa. Ti racconterò questa storia in modo assai semplice, come se la stessi raccontando a voce a un'amica o un amico. Che magari sei proprio tu! Importante sarà soprattutto quello che *tu* sentirai, proverai, leggendo queste pagine. Le emozioni e i sentimenti che le mie parole susciteranno in *te!* Saranno loro i protagonisti veri di questo libro. O, meglio, di questo racconto.

Se le cose non andranno così, io avrò scritto queste pagine o parlato invano e tu avrai sprecato il tuo tempo prezioso a leggerle, o, in altre parole, ad ascoltarmi.

Berlino, marzo-aprile 2021,
all'epoca incerta del Covid cocciuto!

SCIOPERO DEI PANETTIERI
Ovvero: QUADRETTO LONDINESE

Donne incinte si confidano,
davanti al fruttivendolo.
Passeggia un poveraccio,
mordendosi la mano,
tre gambe malferme,
di cui una di legno.
Una voce da un'anonima
finestra grida giù.
Sulle sue quattro ruote,
qualcuno prende il tè!
Un piccione spaventato
spicca il volo e noto:
gli manca mezzo un piede.
Passa lo spavento, due
cani grossi e sporchi.
Da una seconda anonima
finestra, stride un assolo
di violino, stonato come
il resto della tela. Che
altro fare, oggi, se non
tornare a casa? Anche
perché non c'è più pane,
oggi. Domani, forse,
dicono, sì, forse domani ...

(West Kensington, Londra, gennaio 1973)

1.

I HAVE A DREAM ...

"I have a dream..." Ho un sogno! E scandiva molto bene le sue parole, quasi gridate, in quel suo storico discorso, Martin Luther King. Come qualcuno che è davvero convinto di ciò che sta dicendo, perché crede fermamente in ciò che vuole fare. Era un sogno grande il suo, forse troppo grande, visto che a tutt'oggi non è stato ancora realizzato. Guarda, infatti, che cosa sta succedendo di questi tempi in America!

I sogni di mia madre Corinna erano di portata ben più modesta: avere una casetta, anche se povera; avere un lavoro, anche se lontano da quella casa; poter vivere una vita dignitosa, insieme al suo figlioletto, Guido. Anche senza un marito. Purtroppo, nemmeno queste sue piccole ambizioni furono realizzate, se non per quattro maledettamente brevi, brevissimi anni. Perché Corinna morì, come ricorderai, quando Guidino aveva soltanto quattro anni. Deve essere stata disperata la mia povera mamma, in quegli ultimi giorni in casa, in quel letto nella stanza accanto alla cucina, dove io le portavo l'acqua con quel grande mestolo, come voleva lei. Acqua che attingevo da quei secchi di rame, appesi sotto la piattaia, quella dei piatti belli, te ne ricordi? Lo sapevano tutti, tranne Guidino, che la poveretta stava morendo. L'avevano dimessa dall'ospedale di Feltre, quando non c'era ormai più nulla da fare per lei.

Disperata al pensiero, oltre a quello di morire, di lasciare il pargoletto con la madre ormai anziana, quasi settantenne, una grande età, a quei tempi. Siamo nel 1955. Morivano così, insieme a lei, anche quei suoi modesti sogni, diventati in parte

2

realtà, ma solo per quei pochissimi anni. Quattro scarsi, ripeto. Lasciava però dietro di sé qualcosa di molto importante Corinna. Una grande eredità! Delegava infatti al figlioletto ancora inconsapevole il compito di continuare i suoi sogni, soprattutto quello principale: Vivere davvero la Vita, una vita con la 'V' maiuscola e che sia davvero degna di quel nome!

Ti potrà sembrare quasi impossibile, eppure io, da quando l'ho capito e ancora oggi che sto per arrivare al ragguardevole traguardo degli anni settanta, mi sento fortemente e continuamente spronato dal pensiero di tutto ciò che mia madre avrebbe voluto ma non ebbe mai la fortuna di poter fare. Io, che quella fortuna invece l'ho avuta, ho dunque il sacrosanto dovere di vivere, ma VIVERE davvero! Anche per Corinna, mi capisci? Credo, almeno in questo senso, di aver fatto onore a mia madre, fino ad oggi; e ancora non mi stanco di vivere, né di provare sempre cose nuove e lanciarmi in nuove sfide. Come scrisse il grande poeta Pablo Neruda (sai che non era quello il suo vero nome?) come titolo della sua autobiografia, *"Confieso que he vivido"*, posso dire anch'io, molto soddisfatto, almeno in questo, che *confesso di aver vissuto!* Anche se qui forse mi ripeto? Però tu lo sai che i vecchi hanno il vezzo di ripetersi spesso. Ed è una cosa inevitabile, anche perché, a parte l'età, se dici un sacco di cose ad un sacco di persone, specie dopo un po', non ti ricordi più a chi hai raccontato che cosa ...

*

3

*Sognatrice lo era di certo Corinna,
che si dedicava anche al teatro
amatoriale! Avrò ereditato
da lei certe caratteristiche
da teatrante, immagino.*

Fu perciò con un grande spirito di avventura, ispirato anche dalla voglia di viverla per Corinna quella mia nuova vita, che arrivai a Londra in quel lontanissimo gennaio del 1973. E numerose furono infatti le avventure – e *dis*avventure! – di quel mio primo anno londinese, come ti ho già raccontato. Riassumendo tutto in maniera molto succinta, in poche parole, la mia prima ragazza "seria", la maestrina australiana Barbara, era ritornata tra i koala e i canguri e i serpenti velenosi, che in giardino ti mangiano i gattini, *downunder,* come dicono loro, cioè "giù di sotto". La bellissima Sonja-Margit era ritornata alla sua splendida Vienna e al papi banchiere, portando con sé il ricordo di un povero studente, uno sciocco, che non aveva proprio saputo apprezzare la grande opportunità che la Vita gli aveva offerto. La "francesina" Marie-Solange – in famiglia Sossó – era invece rimasta sulla scena e diventata mia moglie, con notevole disappunto soprattutto della Genia, mia zia-madre, che avrebbe voluto che almeno ci sposassimo in Italia. Anche perché, molto venalmente, avrebbe voluto rifarsi di tutti quei regali di nozze che, negli anni, aveva fatto a centinaia di coppie di sposi! Io però volevo fare le cose a modo mio, come sempre.

Non per nulla ho pensato per anni che la canzone 'My Way', di Frank Sinatra, fosse stata scritta appositamente per me. L'ho proprio considerata come il mio inno personale. *"But more, much more than this, I did it MY way!"* Ma di più, molto più di questo, ho fatto (tutto) a modo MIO! Oppure, come cantava la nostra Ornella Vanoni: "Posso dire d'ogni cosa che ho fatto a modo mio, ma con che risultati non saprei." La Genia questa cosa la vedeva alquanto diversamente: *"Testardo come to mare!"* Così mi rimproverava, infatti, riferendosi a mia madre Corinna, ovviamente. Non appena fui abbastanza grandicello da osare risponderle a tono, mi difendevo dicendole che ero tenace, caparbio, non testardo, e che questa io la ritenevo invece una bella qualità!

Barbara, la mia maestrina australiana,
che qui sembra quasi una "figlia dei fiori"!

In quel primo anno della mia nuova avventura londinese, ne erano successe delle belle, che non ti ho nemmeno raccontate tutte, l'ultima volta. Come quel giorno che Dorothy, Mrs Crewe, la mia padrona di casa, quando ero ancora celibe e spensierato ed ero il tuttofare, nonché *dog-sitter,* di casa Crewe, mi stava raccontando un giorno che il ragazzo turco che abitava in quella camera da dodici sterline, al secondo piano, quella invece da me scartata a favore del fresco seminterrato da cinque sterline, sembrava dare i numeri. Le aveva raccontato di avere in camera dei "serpenti con le zampe"! Aveva molto insistito, perché lei andasse su da lui, a vedere, e lei si era immaginata che si trattasse di qualche innocua lucertola. Lui però le fece vedere i serpenti con le zampe sul pavimento, cioè sulla moquette, che aveva un motivo di rami e foglie contorti, un intrico che in effetti, ma solo con parecchia fantasia, si poteva immaginare come un groviglio di serpi! Ma Dorothy rise di cuore, andandosene, rassicurandolo che in ogni caso non si trattava di serpenti velenosi, del tutto assenti a Londra. Tutto questo mi raccontava Mrs Crewe, in quella mia luminosa camera-cucina che dava sul giardino, al numero 5 di Lisgar Terrace.

E me lo raccontava, Dorothy, e rideva ancora, di gusto, mentre prendevamo insieme una tazza di tè da quella sua annosa teiera, che io un giorno le avevo "rovinato", così disse, pulendone l'interno con la candeggina! Perché il tè – lo sapevi? – viene veramente buono soltanto dopo che la teiera si è arricchita di un crostone spesso, al suo interno, secondo i canoni inglesi. (Come con la moka in Italia?) Ancora oggi, quando prendo in mano una teiera, mi viene in mente Dorothy e l'urlo di quel

7

giorno, al trovare la sua amata teiera tirata inopportunamente a nuovo da un inquilino assai, anzi, troppo zelante.

Barbara al famoso numero 5 di Lisgar Terrace

Ben diverso fu invece quell'urlo agghiacciante che udimmo all'improvviso provenire dai piani alti della casa!! Seguito subito da altri! Il cane Jackson sparì di colpo e io corsi subito su per le scale, aspettandomi il peggio. Feci in tempo ad arrivare solo fino al pianterreno, che poi era un piano rialzato, nell'ingresso insomma. Lui era lì, in cima alle scale, al primo piano. Stava là in piedi, urlando, lo squinternato turco, e brandiva una robusta asta di legno con in cima un gancio, che serviva ad aprire e chiudere le finestre alte, quelle a ribalta. Hai presente? E urlava qualcosa in turco, certo, a noi dunque ovviamente del tutto incomprensibile. E non appena vide Dorothy, che intanto mi aveva raggiunto, urlò ancora più forte, puntando l'asta in giù e proprio verso di lei!

Non capii subito che cosa stesse succedendo, solo che la situazione si presentava pericolosa, con lui evidentemente molto alterato e armato di quella "lancia" potenzialmente letale! Mi aspettavo che ce la scagliasse contro, invece lui si precipitò giù per le scale e verso di me, come in una carica da giostra medievale, con l'asta sotto il braccio. Io gli andai coraggiosamente o stupidamente incontro e rimasi subito colpito dall'asta sull'avambraccio sinistro. Per mia fortuna, devo aver ereditato una forte ossatura dai miei genitori, perché fu l'asta a rompersi, non l'ulna o il radio del mio braccio! Ma il turcaccio era una bestia inferocita e sembrava avere una forza sovrumana, che io, sebbene forte e robusto, non sarei riuscito a controllare da solo. Perciò sarebbe potuta andare a finire molto male, se non fossero arrivati i rinforzi dall'unica stanza di quel piano, a parte quella di Dorothy.

9

Il giovane capitano irakeno aveva perso un piede in battaglia e si trovava ora a Londra per farsi mettere una protesi. Uscirono con lui dalla sua camera, avendo sentito il grande fracasso, due suoi amici, che venivano sempre a trovarlo. Anche in tre, faticammo comunque parecchio ad immobilizzare il matto e a disarmarlo. Il telefono era volato per terra, la bella lampada in stile *Art Nouveau* anche, a pezzi. Lui stava ora seduto su un gradino delle scale. Si era finalmente calmato e ora piangeva come un bambino, continuando però a puntare un dito in direzione di Mrs Crewe. Immaginai che non le avesse perdonato di averlo deriso per i suoi serpenti immaginari. La vecchia Dorothy non avrebbe avuto scampo, se si fosse trovata in casa da sola con lui! Nel frattempo aveva chiamato la polizia e arrivarono in due. Al turco fu allora intimato di andarsene subito. Lo accompagnarono di sopra a fare armi e bagagli, anzi, armi no, solo bagagli! Incredibilmente, i poliziotti ci dissero che non potevano arrestarlo, ma io insistetti parecchio: che mi aveva aggredito, mostrandone loro i chiari segni sul mio povero avambraccio, che in seguito sfoggiò un bellissimo ematoma per settimane! Acconsentirono, ma solo dopo la mia grande insistenza, soprattutto sul fatto che Mrs Crewe, anziana, era quella in maggior pericolo, che restassero là almeno finché lui non fosse sparito dietro l'angolo, da dove lui non si fece mai più rivedere. Dorothy però rimase piuttosto inquieta per diversi giorni, ma molto comprensibilmente. E se fosse ritornato, magari con degli amici, a vendicarsi di quella vecchiaccia incredula? "Mamma, li turchi!" Quella storica frase suonava all'improvviso troppo attuale!

Giorni dopo, Dorothy mi disse che le avevo sicuramente salvato la vita. Penso anch'io di sì.

*

I turchi però non arrivarono mai, o almeno non a Londra, non nel mio storico 1973. Ne arrivarono invece numerosissimi a Berlino, dove vivo ora e dove ne incontri ovunque, molto più numerosi degli onnipresenti italiani. A volte, ti sembra proprio di essere in Turchia – visitata negli anni '90 insieme a Hanne – perché in certi quartieri, anche nel mio di Spandau - Staaken, si sente parlare più turco che tedesco! Il capitano, mio capitano, irakeno, ritornò poi in patria con il suo nuovo piede "bionico", come lo chiamava lui, scherzando. Era un bell'uomo e molto simpatico, con un vero senso inglese dello *humour* e che prendeva il suo male ridendo. Parlava anche un ottimo inglese. Chissà dove sarà finito? E come sarà finito anche il marito di Nadine, una ragazza francese che aveva sposato invece un iraniano, dall'altra parte di quella stupida guerra? Era un artista e aveva dipinto, da una foto, un ritratto ad olio dello scià Mohammad Reza Pahlavi, al quale piacque talmente quel ritratto, che lo rivolle con sé in patria l'artista. Poi, purtroppo, seguì la rivoluzione degli *ayatollah* e di loro due non si seppe mai più nulla. Una scomparsa piuttosto preoccupante, vista la "pulizia" che seguì! Non lo sapremo mai. Quello che posso invece raccontarti è quello che so che di sicuro accadde dal 1973 in poi, a Londra e dintorni. Quel mio primo anno londinese passò così in fretta, che quasi non me ne accorsi! Così, poco più di un anno dopo essere approdato sulle rive del Tamigi, diversi secoli

11

dopo le legioni romane e con intenzioni ben più pacifiche, mi ritrovavo sposato, all'età di ventitre anni. Oggi può sembrare molto giovane, ma allora era ancora abbastanza normale.

Fu un giorno felice quel 1° di maggio del 1974!

La proposta di matrimonio era stata molto meno romantica di quelle galeotte remate sul laghetto *Serpentine* di Hyde Park, di già cui ti raccontavo. Una sera, in discoteca, in una breve pausa dal ballo, Marie-Solange mi disse che, se volevamo vederci così, come avevamo fatto finora, a lei poteva anche andare bene, però avrebbe voluto sapere se io per caso facessi sul serio! Insomma, questa nostra frequentazione doveva avere un seguito o no? Io le chiesi a bruciapelo che cosa volesse, che ci sposassimo? Va bene, potevamo anche sposarci! E così andò che finimmo in chiesa, quel primo di maggio del 1974, alla Santissima Trinità di Hammersmith, London W6.
Ci eravamo conosciuti, come tu già ben sai, nel fatidico Park Tower Hotel, Marie-Solange ed io. Dove lei era governante e io valletto; e dove lavorai dal maggio del 1973 fino all'aprile del '74, un mese prima di fare il grande passo: di "legare il nodo", come diciamo in inglese!

*

Che fosse una decisione giusta, ebbi modo di constatarlo, negli anni che seguirono. Sossó era infatti una buona moglie e un'ottima madre. Avevamo una bellissima intesa, una perfetta sintonia. Complicità assoluta. In tutto. Sì, anche in *quell'*aspetto! Mi deluse solo molti anni dopo, quando io protestavo di non farcela più a tirare la carretta da solo e lei ribadiva di non sentirsela di ritornare al lavoro. Forse stava già male allora, ma come facevo io a saperlo? Secondo lei, io pretendevo troppo, ma per me la realtà era che avevo sempre preteso molto di più da me stesso, avendo avuto per anni non meno di tre lavori in contemporanea! Ora però minacciavo di mollarla quella carretta, perché loro tre, anche i nostri gemelli, allora ormai ventenni, non si degnavano nemmeno di scendere, figurarsi poi aiutarmi a spingere! Ma io avevo ambizioni di continuare a fare ancora della mia vita qualcosa di più che semplicemente lavorare per mantenere gli altri, che vedevo ormai come dei fannulloni. Volevo continuare per quella salita lunga e ardua, ma senza la carretta, che poteva anche finire giù in un burrone! "Vi ho avvisati! Non ce la faccio più!" Non ce la facevo davvero più, infatti. E così fu che ci separammo, prima, come ti ho già raccontato, e che io in seguito partii per la sirena Danimarca, dopo ben ventun anni di matrimonio, non sempre facile, ma di certo non infelice.

*

Questo però sarebbe accaduto molto più avanti. Intanto noi, molto innamorati, ci eravamo sposati, in quel lontano 1974. Io per un anno avevo poi coltivato il sogno (sognatore anch'io come Corinna?) di ottenere quel famoso diploma universitario di Cambridge, in lingua e letteratura inglese. Perché in Inghilterra, dopo un corso a tempo pieno di due anni, tu non ti laurei, come è ormai consuetudine in Italia, dopo tre anni! Laurea "breve"? Tutti dottori, in Italia! Ma che cosa significa? Là si chiamava e si chiama tuttora "diploma". Lavorando in quel famoso hotel solo di sabato e domenica, come già ti raccontavo, riuscii a seguire con successo il corso per un intero primo anno. E fu davvero molto, molto bello studiare Shakespeare, Chaucer e le sorelle Brontë, ma anche scrittori moderni come George

Bernard Shaw, Iris Murdoch ed Evelyn Waugh. Altrettanto triste fu perciò il dover ammettere che la paga di due giorni, benché buona, non bastava purtroppo più a mantenermi, nonostante allora lavorasse ancora anche mia moglie Sossó. Dovevo, purtroppo, mollare il corso e rassegnarmi a trovare un lavoro a tempo pieno.

*Due fratelli e tre sorelle: Pierre e Marco
ed Emily, Anne e Charlotte Brontë,
il famoso trio letterario dello Yorkshire,
ritratte dal fratello pittore Branwell,
che in seguito però si cancellò!*

2.

TRA VETERANI DI GUERRA

ED ARTISTI PAZZI

Dalla padella alla brace! Quello che seguì non fu certo un periodo eccessivamente felice. Com'era quel detto? Sai quello che lasci, ma non sai quello che trovi? O, detta in inglese: meglio il diavolo che conosci! Altrettanto vero è che noi sappiamo solo apprezzare la fortuna che abbiamo, in certe situazioni, il giorno in cui quella grande fortuna non ce l'abbiamo più. Dico bene?

Così mi ritrovai a vendere superalcolici, anche a tanta brava gente normale, sì, certo, ma pure agli alcolizzati, in un *off-licence*, come chiamano là i negozi che vendono vino, birra e superalcolici da asporto. Benché oggigiorno lo faccia ormai anche qualsiasi supermercato. Un gigantesco business era quello, in Inghilterra, come in tutti i paesi che, avendo la forte attenuante di trovarsi a nordiche latitudini, perciò con climi piuttosto freddi, possono e devono (ahinoi!) sopravvivere con qualche aiutino di riscaldamento interno. Un vezzo che, per mia fortuna o fortezza, non ho mai preso. Vivendo in paesi e tra popoli diversi, ho cercato sempre di adottarne le abitudini positive, piuttosto che i vizi peggiori. Non l'hai mai notata l'aureola?

In quel negozio entrava di tutto e alcuni diventavano abusivi e sembravano pericolosi, quando non eri disposto a cedergli quello che pretendevano di avere con i soldi che avevano in tasca, perché di più proprio non ce n'erano! Un bel giorno, un tizio gettò per terra, lontano, la bottiglia di whisky che avrebbe voluto acquistare con un forte auto-sconto!! Mandandola in cento pezzi, ovviamente, e andandosene imprecando, lasciando me, incredulo, a pulire i cocci, dannato folle! In un altro episodio, uno squilibrato, che avevo riconosciuto subito, ruppe una bottiglia sul banco, minacciando di farmi a pezzi!! Dietro il banco, c'era una scopa, che afferrai subito e brandii urlando, cercando di apparire più pazzo di lui. Commisi solo un grosso errore nell'uscire da dietro quel bancone massiccio, che avrebbe potuto proteggermi. Però si vede che le mie doti di teatrante, ereditate sicuramente da mia madre Corinna, furono quel giorno provvidenziali. Devo essere stato talmente convincente, che il tizio scappò subito via di corsa! Lasciandomi, ancora una volta, a raccogliere cocci e tutto il resto, perché aveva anche fatto cadere diverse altre bottiglie. Ovviamente, dopo soltanto pochissime settimane, lasciai quel postaccio. Mi sembrava di essere capitato peggio che quando in fabbrica quell'altro folle in ascensore mi minacciava, ma in maniera molto subdola, con quel suo coltello. E tu ricorderai sicuramente quell'episodio. Allora trovai quasi subito un nuovo lavoro. Negli anni '70, a Londra, bastava aver voglia di lavorare e molto spirito di adattamento: di lavoro ce n'era sempre tanto! E per tutti. Proprio come oggi, no? Scherzo, ovvio, ma ci sarebbe di che piangere! Comunque, una ditta di pulizie cercava gente per lavare le vetrine dei negozi. La paga non era male e io, giovane, forte e robusto, non mi spaventavo certo di fronte alla prospettiva di un lavoro che si rivelò però non solo pesante, ma soprattutto assai pericoloso!

*

*L'affollata Oxford Street, paradiso dello shopping
e nostro campo di battaglia ... con le vetrine!*

Lavare la vetrina di un negozio era infatti una passeggiata, in confronto a ciò che un giorno ci mandarono a fare! La *Royal Star and Garter Home* è un'enorme struttura, costruita negli anni Venti per ospitare circa duecento veterani di guerra afflitti da patologie o ferite gravissime. Ne vidi infatti di parecchio malconci, di quei poveretti. Tutti vittime di stupide, inutili guerre, pensavo, di cui però l'essere cosiddetto "umano" sembra non poter fare a meno. Certo che in realtà le guerre mica le vuole l'uomo normale, la persona che incontri tutti i giorni al supermercato! O il tuo vicino di casa, gentile e pacifico. Sappiamo benissimo chi le vuole, le fomenta, le incoraggia, le promuove tutte le dannate guerre, no?

Era situato proprio in cima a Richmond Hill quel palazzone, dunque non lontano da Londra, per capirci. La sua posizione geografica faceva sì che, pulendo le finestre dell'ultimo piano e arrivando sul lato che guardava giù per il colle, verso il Tamigi, ti sembrava di essere all'improvviso molto più in alto di prima. Camminavi su un cornicione che era largo un paio di piedi inglesi e avevi alla cintola l'imbragatura di sicurezza, ovviamente. Peccato però che non esistessero i necessari punti di ancoraggio, dove agganciarsi! Inutile dirti che fu quella la prima ed ultima volta; e che scoprii quel giorno quanto mi desse fastidio il vuoto. Un problema che oggi tengo in buona parte sotto controllo, infatti vado in montagna, evitando troppi strapiombi, e salgo su funivie e volo in aereo senza problemi. Però non mi piace avvicinarmi troppo al parapetto del mio balcone, all'ottavo piano, qui a Spandau!

Trovare subito un nuovo lavoro che fosse meno pericoloso era un atto dovuto, anche nei confronti della potenziale vedova precoce! Perché non sono mai stato un pusillanime, ma nemmeno ho mai avuto velleità o ambizioni di eroismo, anche se poi "eroi" si rischia di diventarlo, senza saperlo né volerlo, quando un ragazzo sta annegando in una cava di sabbia o una bambina sembra rischiare di essere ingoiata da un cratere, su un'isola greca!

*

Royal Star and Garter Home e fiume Tamigi, a Richmond

Scrivanie, sedie, armadi e casseforti! *'Vanguard – Commercial and Industrial Removals'*. Che nome lungo, ma così si chiamava l'azienda di traslochi. Per mia grandissima fortuna, mi fu risparmiata l'attività industriale, pesantissima, come venni a sapere, e, neanche a farlo apposta, pericolosa! Ci ingaggiavano a giornata, come gli scaricatori di porto. Te lo ricordi quel film stupendo con Marlon Brando? Se invece non l'hai mai visto, cercalo e guardatelo. Ci trovavamo la mattina prestissimo, in punti prestabiliti, dove, uno o due alla volta, ci caricavano in un camion chiuso, di dietro. Il camion si fermava, a carico umano pieno, a fare colazione in uno di quei tanti caffè che in gergo popolare chiamano *caf*, dove si consumava una lauta colazione inglese. Sì, come quelle dell'hotel sulla Talgarth Road, nei miei primi tempi londinesi, ricordi? Sento ancora il profumo di quelle fette di bacon, uova fritte o strapazzate, funghi, pomodori, pane fritto. Sembra un poco esagerato? No no, ci voleva tutta, con la sgobbata che ci attendeva! Colesterolo? A vent'anni, non fa parte delle tue preoccupazioni!

E chi erano i miei colleghi? Perlopiù gente un poco strana e molti erano ragazzi fuori dalle sbarre solo in libertà provvisoria o sulla parola, che altro tipo di lavoro non riuscivano a trovare! Perché qui nessuno ti chiedeva nulla: né chi eri, né da dove venivi. Solo un nome, non serviva nemmeno un cognome. Volendo, potevi anche dare un nome falso. False non erano però le banconote che ti consegnavano già alla fine della giornata! Non ricordo quanto ci pagassero, ma ricordo invece che eravamo tutti soddisfatti del compenso ricevuto. E che quelle banconote con l'effigie dell'immortalissima Elisabetta II Windsor avevano dimensioni davvero esagerate, che però ti davano quasi la sensazione di avere guadagnato di più. Quanto facilmente ci inganna a volte la nostra mente?

Avanzi di galera, magari, ma posso dirti che quelli erano, per certi versi, dei ragazzi splendidi! E che se tu, non essendoti organizzato e non sapendo che una breve pausa pranzo la si faceva, senza però potersi allontanare, comunque fuori città, in qualche zona industriale, lontano dai negozi, rischiavi di battere cinghia fino a sera, ecco che uno di loro ti offriva uno dei suoi due sandwich.

Insistendo pure che tu lo prendessi, perché non potevi lavorare tutto il pomeriggio senza mangiare qualcosa, pur dopo quella colazione abbondante. E se uno di quei ragazzi ti vedeva tentare di sollevare qualcosa di pesante da solo, ti dava del matto e "Aspetta che ti do una mano!" Anni dopo, avendo allora per colleghe gente diplomata o perfino laureata, gente "per bene" che, se poteva, ti creava dei grossi problemi, ma facendo tutto dietro le spalle, ricordai spesso con un certo affetto quei miei precedenti colleghi, quegli "scaricatori di porto"! Dove pensi di poter incontrare il peggio del genere umano, a volte è proprio là che incontri il meglio, invece. E viceversa.

*La Vanguard Commercail Removals
esiste ancora oggi, con nome un poco diverso*

La pittura e l'arte in generale mi hanno sempre attirato e fin da bambino, oltre a scrivere poesia, ho disegnato o dipinto molto volentieri. Forse avrei potuto dipingere. Perché non l'ho mai fatto seriamente tu lo sai già, come ti raccontavo l'ultima volta. Fu probabilmente la scoperta della fotografia a mettere fine alla mia carriera di artista. Dopo tutto, non è un'arte anche la fotografia? E poi riuscire, ad esempio, a catturare in pochi secondi un bellissimo paesaggio, che ci metteresti parecchie ore a dipingere, è una tentazione davvero troppo grande! Soprattutto per un'indole fondamentalmente un poco pigra. E pigri non lo siamo tutti, sotto sotto?

Nessuna sorpresa, dunque, che mi attirasse l'idea di lavorare per Winsor & Newton, storica azienda produttrice di materiali per artisti, famosa in tutto il mondo ancora oggi, soprattutto per i suoi acquerelli. *"DRIVER WANTED"* diceva il cartello sulla porta del negozio, nei pressi della celebre Oxford Street. Cercavano un autista, per rifornire il negozio dalla fabbrica fuori città, ma anche per le consegne a domicilio. Con un piccolo furgone, un Ford Escort. Quando non ero in giro con il furgone, davo una mano come magazziniere, a riempire gli scaffali di Rosso Carminio o Bianco Avorio o Blu Ultramarino. Tutti quei meravigliosi colori mi facevano venire voglia di dipingere, specie dopo che ero stato magari ad ammirare un Van Gogh alla National Gallery!

*

Un'opera di copiatura di un giovane Gino Rossi o van Gogh?
Ero forse undicenne e quella stampa era appesa
in casa della mia cara Nona Gusta

Due o tre volte alla settimana, mi toccava portare dei colori a casa di qualche artista, che doveva essere famoso, ma che io non conoscevo. E pensa che a volte si trattava anche di un solo tubetto di acrilico Terra di Siena Bruciato, ad esempio, che l'artista aveva finito proprio sul più bello. Esattamente come le donne di Oregne, a cui finiva sempre il gas, proprio mentre stavano preparando il pranzo! (Piccoli misteri della vita!) E io, ormai grandicello, correvo con la carriola a portargli e montare la nuova bombola.

Quelli che mi accoglievano come un salvatore erano dei personaggi ben più strani dei miei traslocatori improvvisati! Eccentrici a prima vista, però, come aprivano bocca, te lo confermavano. Ricordo degli atelier spesso molto belli, dove mi sarebbe piaciuto vivere, pensavo. In grandi locali, molto luminosi, soffitti altissimi, spesso con tante piante, che quasi sembravano serre, e a volte con uccelli che svolazzavano liberi, che meraviglia! Se solo non fossero stati anche ambienti davvero gelidi, d'inverno. Ricordo quei signori (una sola volta una donna) tutti imbacuccati, con maglioni e sciarpe e berretti. Brrr, no grazie!

Un giorno che ritornai, forse per la terza volta, da uno di quegli artisti, lui mi disse che ero un bel ragazzo e che gli sarebbe piaciuto molto poter dipingermi. Certo, nudo. Declinai l'invito in modo elegante, dicendo che non pensavo di poter stare sdraiato là dentro per ore e senza nulla addosso! Mi immaginavo forse di poter fare la fine di certi giovani modelli del Caravaggio? Non so che cosa mi passasse per la testa, ma credo fosse lo stesso istinto che non mi aveva fatto più andare a casa di un certo insegnante d'inglese, pur molto bravo, che avevo avuto. Fu quella un'altra delle tante opportunità sprecate? Perché se lui era davvero un famoso artista, sarei potuto diventare famoso anch'io. No grazie, anche perché non ho mai mai aspirato a diventare famoso!

A migliorare la mia situazione lavorativa e di vita in generale, invece sì! Trovai un giorno, in un giornale, un annuncio della British Library, la biblioteca nazionale britannica. *On Her Majesty's Service?* Anche se non per un servizio segreto, suonava comunque bene. Non perché io sia mai stato un monarchico, bada, ma un impiego così mi avrebbe offerto, come minimo, pensavo, una certa sicurezza. Non erano richieste né esperienza né qualifiche specifiche e il mio inglese era ormai più che soddisfacente. Mi sentivo dunque pronto ad affrontare delle nuove sfide, come sono sempre stato e come rimango ancora oggi, in barba ai miei quasi settant'anni. In più, lavorare in una biblioteca rappresentava di certo un bel passo avanti, o verso l'alto, rispetto a ciò che avevo fatto fino ad allora!

Con il vero Vincent van Gogh, alla National Gallery (2018)

3.

FANTASMI EGIZI

E SEDIE DEL SETTECENTO

Eccomi dunque ad indossare un'elegante giacca grigia di cotone pesante, che, sul taschino, sfoggiava quella corona reale che rischiava di darti un'importanza che tu di certo non avevi! *Patent Office Library:* la biblioteca centrale dell'Ufficio Brevetti londinese. Un'imprescindibile risorsa di ricerca internazionale, per chiunque avesse qualche cosa a che fare con quel sistema mondiale, creato al fine di tutelare la proprietà intellettuale di inventori, scienziati e quant'altri. Pensavi di avere una nuova idea geniale per un marchingegno che ti permettesse di girare le pagine di un libro solo con gli occhi? Allora quello era il posto giusto, per scoprire se quella tua idea brillante non fosse già venuta a qualcun altro, anni prima, all'altro capo del mondo. Perché su quegli scaffali polverosi dell'archivio sotterraneo, nonché su quelli più puliti dei tre piani della bella sala di lettura, tenevamo tutti i brevetti che mai fossero stati depositati, dagli Stati Uniti fino all'Australia, dal Brasile al Giappone! Ma anche quelli europei, ovviamente.

Non solo, ma avevamo anche ogni copia di ogni rivista tecnica o scientifica che venisse pubblicata in tutto il mondo, dalla Russia all'Argentina, dal Canada alla Nuova Zelanda. Nonché un'infinità di libri, dizionari ed enciclopedie. In tutte le lingue immaginabili. Era un luogo molto interessante e non mi perdevo l'occasione di sbirciare qualche articolo nei campi più disparati. Trovai, ad esempio, alcuni libri sulla fotografia, da cui imparai le nozioni tecniche che possiedo, come parallasse e profondità di campo, etc. Mi sarei fermato a lungo, ogni sera dopo il servizio, a leggere bene alcuni di quei libri interessantissimi, però avevo un bel po' di strada da fare, su quella vecchia bicicletta malconcia. Perché così era d'obbligo che fosse, se non volevi rischiare ogni giorno che te la rubassero, cosa che andava molto di moda. E non sembra ancora passata, come moda, nemmeno qui a Berlino, nel 2021! Accadde infatti con l'unica bella bici di quei tempi, appena fuori dalla porta dell'ufficio, anni dopo, quando lavoravo all'università. Dentro perfino, non fuori in strada, e su, al primo piano! Quella che usavo per le cinque miglia, cioè circa otto chilometri, fino alla biblioteca, non mi venne mai rubata. L'avevo trovata, non so più dove, per la strada, abbandonata, e l'avevo sistemata alla meglio. Quasi subito però, mi si ruppe una metà del manubrio. Mentre correvo veloce, ovvio: roba da ammazzarsi! Rimossi allora anche l'altra metà e poi ricostruii il manubrio, con un manico di scopa! Che diede prova di essere un perfetto antifurto.

Il vecchio Patent Office, oggi trasferitosi

Il lavoro mi piaceva e dopo alcuni mesi iniziai a pensare alla possibilità che fosse quello il mio lavoro ideale: bibliotecario. Studiare, dunque, ottenere i successivi vari livelli di qualifica della *Library Association,* l'ente che in Inghilterra è responsabile per la formazione e il riconoscimento dei titoli bibliotecari. Tutto però non andava benissimo, dentro la biblioteca. La maggior parte dei colleghi, per lo più donne, era gente gentile ed innocua. Qualche grande rompiscatole doveva però esserci anche lì! Come quella donnaccia, acida quanto stupida, che ripeteva regolarmente che suo marito aveva combattuto una guerra, per rendere il *loro* paese un luogo migliore e ora venivamo noi stranieri, ad accaparrarci i posti ambiti dai loro ragazzi! Suo nipote, ad esempio. "Si era candidato?" le chiesi. No?! E allora cosa voleva da me? Non mi ero certamente presentato in ginocchio io, a perorare la mia causa di povero straniero e padre imminente di due gemelli! Perché correva, nel frattempo, già quel fatidico anno 1975. Eravamo ancora solo ai primi mesi, ma a dicembre, prematuri di un intero mese, sarebbero arrivati Marco e Pierre! Io compivo 24 anni e mia moglie 25. I figli, credo, bisognerebbe averli da giovani, non per ragioni fisiologiche, per quanto valide, ma soprattutto perché da giovani siamo ancora abbastanza incoscienti e perciò ci imbarchiamo, molto entusiasti e spensierati, in un'avventura che (sebbene non lo capiamo allora) non avrà mai fine! O almeno finché Morte non ci separi. Quando penso che lo scorso dicembre quei due marcantoni hanno compiuto 45 anni, cerco subito di deviare i miei pensieri altrove …

*

36

Marco e Pierre, sempre molto attirati
da quella magnifica vista sul Tamigi!

Uno dei nostri colleghi era un ragazzo egiziano, un uomo anzi, forse allora appena quarantenne, grande lavoratore, taciturno ma non antipatico. Ma lavorava e basta, niente chiacchiere. Eppure qualche idiota ebbe perfino il coraggio di dire, al momento in cui si avvicinava il Ramadan: ecco, lui ora quanto avrebbe lavorato, senza mangiare né bere, tutto il giorno? Mi arrabbiai non poco, dicendo loro che si vergognassero tutti, perché lui, pur non mangiando né bevendo, lavorava comunque più di molti di loro messi insieme! Ed era, insieme a me, l'unico sempre disposto a tutto, anche per dare una mano ai colleghi, o per portare su a mano, alle due gallerie superiori, pile anche enormi di libri, se il vecchio montacarichi si guastava, cosa che succedeva anche spesso.

*

Conosci il British Museum? Almeno di nome, sicuramente! Io ebbi in quegli anni perfino la fortuna di lavorarci, "in prestito" dalla biblioteca dell'Ufficio Brevetti. Perché anche quella del museo faceva parte della grande famiglia della British Library. A chi di noi volesse, veniva offerta l'opportunità di fare qualche straordinario, dopo le ore normali, cioè di sera, fino alle nove, e di sabato mattina. Era un vero piacere lavorare in quella magnifica sala di lettura, un poco anche nostro orgoglio italiano, possiamo dire, dato che al progetto di Sidney Smirke aveva parecchio contribuito anche un famoso bibliotecario, un certo nostro "carbonaro" di nome Antonio Panizzi, fuggito dall'Italia, dove gli Austriaci lo volevano morto! Fu molto apprezzato, Panizzi, qui, nel suo paese di adozione, che lo fece perfino baronetto:

Sir Anthony Panizzi. Grazie alla sua grande tradizione passata di apertura a gente di ogni sorta, estrazione e provenienza, il Regno Unito si è arricchito non poco di grandissimi talenti, tra cui scrittori, architetti, musicisti, pittori; non solo, ma anche personaggi più "normali", come sarti, carpentieri, pizzaioli, insegnanti, e via dicendo. A tutto questo – ahimè! – ha ora appena messo fine una singola, brutta parolaccia, quasi una bestemmia: *Brexit!*

Il British Museum risale alla metà del Settecento.
Per me, non ha mai perso il suo charme,
come cantava invece Ella Fitzgerald

In quella maestosa *reading room*, una sala di lettura che incute un poco quella stessa sorta di soggezione che si avverte in una grande chiesa, perché assomiglia infatti ad una cattedrale, si entra solo facendo domanda anticipata, corredata da una lettera di presentazione di un professore universitario o altra persona simile. La parte più bella di quel lavoro era avere tra le mani le prime edizioni di libri famosissimi, a volte unici, un privilegio che la maggior parte del personale fisso nemmeno apprezzava: *Margaritas ante porcos!* Perle ai porci.

Nella breve pausa, di quindici o venti minuti, mi pare, andavo a gironzolare al buio per la sezione egizia del museo, che a quell'ora era chiuso. Cosa in realtà proibita, ma nessuno mi vide mai. Io invece un "qualcuno" o "qualcosa" sono convinto di averlo incontrato. Ricordi la storia del soffitto che ci sarebbe caduto in testa, se non avessi avuto quella premonizione? Ebbene, tu magari mi dirai che era stata solo autosuggestione, però io in quelle mie passeggiate clandestine, quasi in punta di piedi, sentivo molto distintamente una "presenza"! Forse l'anima irrequieta di qualche fararone?

*

A Trieste, come ti ho già raccontato, avevo trascorso due anni di insuccesso ginnasiale. Però in quella splendida città, la prima del cuore, seguita anni dopo da Londra, come credo di averti già detto, conobbi anche Norma. Che diventò per me una presenza molto preziosa. Fu per anni anche l'unica compagna di quella scuola con cui avevo mantenuto un contatto costante, persi presto tutti gli altri, pochi peraltro.

Finché una sera, in quella cattedrale del Panizzi, una grande sorpresa! Vidi su alcune richieste di libri, che una collega stava sfogliando, un nome che mi saltò subito all'occhio: Anna Segatti. Possibile che fosse proprio lei, quella Anna mia compagna di ginnasio? Sul foglietto era anche indicato il posto del lettore, così andai ad accertarmi da lontano che potesse essere proprio lei. Poi, recuperati dagli scaffali "dietro le quinte" i libri richiesti, arrivai da lei con il mio prezioso carico. Le chiesi, in inglese, se fosse lei la signorina Segatti. "Sì" mi rispose. "Anna Segatti?" ripetei. E lei: "Certo, ma c'è qualche problema con le mie richieste?" Le dissi: "No, sono tutti qui, ma credo che ci sia un qualche problema con la tua memoria!" Anna rimase interdetta per qualche istante e poi "Ma... sei Guido? Come fai ad essere qui? Lavori qui dentro? Non posso crederci!" Nemmeno io riuscivo a crederci, perché erano trascorsi più di una decina d'anni! Il mondo, così grande, a volte può davvero essere tanto piccolo, no? Siamo in seguito sempre rimasti in contatto con Anna. Suo marito, ex militare, mi procurò perfino un lavoretto all'ingresso del personale di un hotel di lusso, perfetto per il finesettimana, dove potevo studiare, perché da fare c'era ben poco. Ci rimasi per alcuni anni, tra il '79 e l'83.

Tra i più illustri visitatori di quella maestosa sala di lettura, vi furono anche Karl Marx; il *tavaric* Lenin (che però si firmò come Jacob Richter); Sir Arthur Conan Doyle, padre di Sherlock Holmes; ed Abraham (Bram) Stoker, l'autore di 'Dracula', che *non* si trovava sul Titanic, come qualcuno raccontava, visto che morì cinque giorni *dopo* la tragedia!

*

*Qui doveva esserci una bella foto della sala di
lettura del British Museum, che però vuole
50 euri per il privilegio! Per cui, se vuoi
vederla, dovrai cercarla sul Web.*

In quell'altra "mia" biblioteca, invece, quella del
Patent Office, l'Ufficio Brevetti, avevamo un capo,
cosiddetto supervisore; questo cioè era il titolo del
nostro diretto superiore. Un omino piccolo e unto,
grassoccio, quasi completamente calvo e sempre
molto inquieto, dietro quei suoi buffi occhialetti
rotondi. Forse anche perché balbuziente. Faceva
degli strani rumorini con la bocca, per esprimere
la sua grave disapprovazione al mio presentarmi
spesso in servizio in ritardo, benché tipicamente
solo di dieci o quindici minuti. Che io comunque
recuperavo a fine giornata. Gli avevo spiegato che
ci erano appena arrivati i gemellini e che spesso

venivo a lavorare non avendo quasi chiuso occhio, perché Marco e Pierre ci fecero alquanto dannare, in quei loro primi diciotto mesi circa. Per spezzare una lancia a favore di chi, vittima di quei tiranni che possono essere i bebè, perde le staffe o addirittura l'uso della ragione, come una ragazza che conobbi e visitai anche in carcere, a Belluno e Venezia, alla Giudecca, devo dire che sarebbe potuto succedere anche a me. Una notte che i nostri marmocchi non smettevano di urlare, sì, ma proprio urlare, non piangere, ricordo troppo bene che alzai non so più quale dei due per aria, scuotendolo e gridandogli di smetterla, altrimenti ... Ma lo riposi subito nel suo lettino, rendendomi conto di ciò che stava accadendo. In momenti simili però, è assai sottile, credo, quella linea che divide la ragione dalla follia. Perciò io ho sempre pensato che si trattasse di una disgrazia che era capitata a quella povera donna, piuttosto che una cosa che lei aveva fatto, descritta da molti come un delitto efferato! Si fa sempre troppo presto a giudicare, no? Ne parlai all'epoca con un grande prete bellunese, don Gigetto De Bortoli, che mi disse che era buon per me che avevo saputo separare il fattaccio dall'essere umano, che, in quanto tale, vale sempre e comunque. Perciò, se me la sentivo di andare a trovarla in carcere quella donna, senza però starci male io stesso, continuassi pure a farlo, senza esitazione, perché quei disgraziati, che rinchiudono per anni a marcire e morire d'inedia, in un sistema antiquato, disumano e del tutto inadatto al recupero, se non sanno di avere qualcuno all'esterno che tiene a loro, sono perduti e sarebbe meglio ammazzarli, piuttosto! Parole sacrosante di un prete cattolico.

A Maurice, la cosa non sembrava però interessare per nulla e minacciò, anzi, di farmi rapporto ai suoi superiori. Mi sembrava quasi di essere entrato nelle forze armate! Mai minacciare di fare qualcosa e poi non farla! Così non perdi solo la faccia, bensì, molto peggio, la credibilità. Questo me lo insegnò, anni più tardi, la mia direttrice di servizio all'Università di Londra. Mi trovai dunque davanti ad una specie di corte marziale, composta di quattro giudici: il suddetto Maurice; il suo superiore, che era una donna; il superiore di lei, che era il vicedirettore; e, *dulcis in fundo,* perfino il direttore generale della biblioteca e dell'Ufficio Brevetti, di nome Hill! Nonostante che il suo cognome significasse collina, Mr Hill risultò il più "pianeggiante" e ragionevole di tutti.

"Mr Cómin, è vero o no che Lei spesso arriva in biblioteca in ritardo, come ci ha informati il qui presente Mr Creese, il Suo diretto superiore?" "Purtroppo è così, Mr Hill. Però recupero sempre i minuti poi, la sera. Come Mr Creese molto ben sa. Come sa anche della mia situazione in casa, con due gemelli di pochi mesi, che quasi non ci fanno dormire, ogni notte. Tuttavia ... no, ma lasciamo perdere ..." "No, no, Mr Cómin, dica pure." Fingevo di non voler dire altro, ma in realtà ci tenevo molto a spiattellare tutto. "Ecco, io sarò anche sicuramente l'ultimo ad arrivare negli spogliatoi, ma sono anche il primo a presentarmi su in biblioteca e ad iniziare il lavoro." "Che cosa significa questo? Ci dica tutto!" "Dico che io inizio subito, mentre i miei colleghi, che forse saranno anche arrivati puntuali alle 8,35, di rado si vedono in biblioteca prima delle 9." Muti, si guardarono tutti e quell'idiota di Creese, che, essendo pure balbuziente, poveretto, cercò di tirare fuori qualcosa, che però non volle proprio uscire! Ora mi faceva quasi più pena che rabbia, sebbene mi stesse mettendo nei guai. "Non potrà negare che sia così!" dissi, rivolgendomi a lui, che ancora tentava invano di dire la sua. Quando rivedo quel bel film sul re George balbuziente ('Il discorso del re', l'hai presente?), mi viene in mente il povero Maurice, ora più in difficoltà di me. Eppure lo avevo avvisato che, se mi avesse fatto quel minacciato rapporto, avrebbe avuto modo di pentirsene.

Venne in suo soccorso quel gran signore che era invece Mr Hill, dicendomi che capiva, che erano situazioni in cui eravamo passati tutti, chi più e chi meno, ma di cercare di essere più puntuale in futuro. Grazie, potevo andare. Da quel giorno, sparì la pausa caffè *prima* del lavoro e tutti i colleghi si presentavano puntuali e subito in biblioteca, appena arrivati. Io stesso feci grandi sforzi per essere presente a quell'orario assurdo delle 8,35. Non guadagnai nuove amicizie, quel giorno, ma nemmeno ne persi, tra quelle poche esistenti, e nessuno si lamentò mai del mio *whistle-blowing,* come si potrebbe chiamarlo oggi, senza offesa per i grandi come Julian Assange!

Tuttavia, il coraggio di protestare ha sempre un prezzo e la mia eventuale carriera in biblioteca morì dunque sul nascere. Quando in seguito vidi un paio di volte delle colleghe, non proprio del tutto analfabete ma quasi, scavalcarmi e passare di grado, quando io, che potevo aiutare tutti in cento modi, decifrando, ad esempio, anche i titoli di libri o riviste in lingue che non conoscevo, come il giapponese, e vedevo che avrei dovuto avere almeno il posto di Maurice, decisi che era ora di cambiare aria, dopo circa due anni e mezzo di servizio. Gli ambienti pubblici sembrano fatti tutti con lo stesso stampo, il paese diverso non conta, non fa alcuna differenza. Mi ripromisi di non lavorare mai più in uno di essi. Eppure ci ricascai, soltanto un paio d'anni più tardi. Di questo però ti racconterò tra un po', anche perché sto cercando di rimanere concentrato e, per "onestà storica", di andare in ordine cronologico per quanto possibile corretto. Per cui devo prima raccontarti un altro paio di storielle.

Un ex statale serio, perciò
assai disgustato!

Julian Assange, per certi versi come Nelson Mandela, che mi viene sempre in mente quando mi addormento con le mani tra le ginocchia, come aveva fatto Mandela per quegli infiniti anni di carcerazione, perché troppo piccola la cella, per poter stendere le sue lunghe gambe. Io non avrei la forza di tenere duro così a lungo, magari anche fino a lasciarci la pelle. Due persone che ammiro perciò moltissimo. Ribelle però lo sono sempre stato e sempre rimarrò – o non sarei figlio di Corinna! – come avrebbe un giorno scoperto anche la gloriosa London University! Di cui ti racconterò, ma solo un poco più avanti.

*

Dicono che gli ebrei siano malvisti, tra le tante altre cose, perché avari, avidi, taccagni. Dicono. Ma dicono anche tante altre sciocchezze. Io di ebrei ne ho conosciuti parecchi, nel mio lungo vagabondare per mezza Europa, e non solo da turista, come tu ben sai. Non ho avuto brutte esperienze con nessuno di loro e tuttora sono in un impiego che mi piace e lo sono perché, così pare, apprezzato, forse perfino benvoluto, da un certo signore, un ebreo, per l'appunto. Bene ne ho conosciuto tuttavia solo uno di ebreo. Che fu mio datore di lavoro per un breve periodo, tra il 1977 e il '78. Il signor Fredericks, figlio, era il proprietario di un negozio di mobili antichi, ereditato dal padre, specializzato nel Diciottesimo secolo e primi del Diciannovesimo. Ebbi modo di scoprire, grazie alla sua segretaria, una signora attempata che mi aveva subito preso in simpatia, che cosa avesse scritto di brutto di me la British Library – quei maledetti! – a lui che chiedeva referenze. Ovviamente necessarie, anche perché il negozio conteneva pezzi talvolta perfino unici e di grande valore! Mr Fredericks non mi parlò mai di quella dannata lettera, che ovviamente aveva deciso di ignorare, visto che mi aveva assunto.

Aveva anche bisogno di un autista, mi disse al momento dell'assunzione. Voleva procurarsi un furgone, per essere del tutto autonomo nel trasportare i suoi mobili; un mezzo che avrei guidato io. Scaduta però la mia patente italiana, nel frattempo, la prima. La cosa più semplice era farne una nuova, inglese. Mi disse che avrebbe pagato lui tutte le spese, anche qualche ora di scuola guida, magari, giusto per riprendere la mano, ma soprattutto per abituarmi un poco alla guida a sinistra, visto pure che non guidavo più da qualche anno.

Mi feci dunque una piccola cultura in un campo a me del tutto sconosciuto: quello dei mobili antichi e specialmente quelli del Settecento, tra i più eleganti di tutte le epoche, credo. Hai presente quanto è bella una sedia Chippendale? Forse no e magari per qualcuno quel nome evoca spogliarelli maschili! Quel signore però ci regalò dei mobili dalle forme nobili ed eleganti, la cui bellezza non tramonta con i secoli e non a caso sono sempre pezzi molto ricercati e pertanto assai costosi. Come anche le creazioni del suo collega George Hepplewhite. Per alcuni mesi, mi era piaciuto occuparmi di tutta quella bellezza, che passavo giornate intere a spolverare e lucidare, solo con cera d'api pura. Perché si sa che stare in mezzo alla bellezza vera fa bene all'anima e di riflesso anche al corpo. Poi però, a lungo andare, mi stufai; e anche la paga non mi bastava, perché non facevo comunque giornate complete.

Spiegai al signor Fredericks che ora, con i gemelli (che in realtà c'erano già da un po') e mia moglie che non lavorava più, bisognava per forza che i soldi li portassi a casa io. Capiva perfettamente e io dovevo fare i miei di interessi, non i suoi. Così mi disse. Offersi di rimborsargli le spese della patente, nel frattempo già ottenuta, ma mai usata, perché il furgone previsto non era ancora arrivato. "Ma nemmeno per sogno", mi rispose, "quel che è dato non si riprende mai indietro. Problema mio che non mi sono attivato prima per il furgone. Lei la Sua parte l'ha fatta. Stia sereno e buona fortuna nella Sua prossima avventura! E con i gemelli!" Ecco un esempio lampante di ebreo avaro!

Gli avevo dato un paio di settimane di preavviso però e di questo mi fu grato. Lo fu molto meno, credo, della credulità della sua vecchia segretaria. Prima di andarmene, arrivai un giorno in negozio e trovai la povera donna da sola e veramente disperata. Piangeva come una bambina a cui si è rotta la prima preziosa bambola! Mi raccontò tra i singhiozzi come fosse arrivato un furgone con tanto di scritta sulle portiere e sulle fiancate, con a bordo due signori vestiti in classico camice bianco, che le avevano presentato una specie di bolla che però lei non era riuscita a leggere bene. Comunque, i due tizi andarono subito ad un particolare tavolo, nel cassetto del quale dissero che c'era una foto Polaroid del tavolo stesso. Fu questo particolare a convincerla della buona fede dei due manigoldi. Perché di abilissimi banditi trattavasi, ovviamente! Quando, al suo ritorno, Mister Fredericks le chiese se c'erano state delle novità, telefonate o altro, come al solito, la signora gli riferì tranquillamente che sì: due signori erano passati a ritirare quel tavolo Sheraton, come già d'accordo con lui. "QUALE tavolo Sheraton??! *Oh, my God, nooo!!*"

Lo stile di Thomas Chippendale ...

... e di George Hepplewhite

Thomas Sheraton era un altro di quei tre più grandi ebanisti del secolo Diciottesimo. Sebbene il suo datore di lavoro, un Gran Signore davvero, avesse fatto di tutto per cercare di consolarla e sdrammatizzare la cosa, anche dicendole che, tutto sommato, non era nemmeno il pezzo più costoso che avevano in negozio e che poteva essere capitato a chiunque, perché quei maledetti bastardi erano dei veri, seri professionisti, la povera segretaria restava inconsolabile. Aveva lavorato per anni per il padre, prima dell'attuale proprietario, il figlio, e una cosa così stupida non l'aveva mai fatta. Immagino che non avrà poi lasciato mai più portare via nulla, se non era presente Mr Fredericks in persona. Seppi in seguito che andò in pensione poco tempo dopo, rammaricandosi ancora di aver lasciato quel brutto ricordo, dopo tanti anni di servizio onorato e diligente.

Io invece, che dalla pensione ero ancora assai lontano, e non immaginavo nemmeno quanto lontano, viste le difficoltà incontrate, quando arrivò il momento, almeno per avere quella italiana, io dovevo di nuovo cercarmi un lavoro che mi permettesse di sfamare quattro bocche, quante erano nel frattempo diventate, essendo in un solo colpo raddoppiata la famigliola. Di quei primi mesi della vita di Marco e Pierre, ricordo soprattutto che si dormiva pochissimo, eppure si andava avanti lo stesso. E io mi muovevo sempre in bicicletta, niente auto in quel periodo. Se ti dico che pesavo allora 75 chili, confrontandoli con i miei 100 di oggi, puoi farti un'idea di quanto magro fossi! Mi concessi il piccolo lusso di una bici usata, ma in ottime condizioni, gialla, con manubrio da corsa. Però mi dispiacque quasi disfarmi di quel mio modello *custom,* esclusivo, con manubrio personalizzato, di legno!

Una bici ... con un manubrio vero, perfino?!

Forse te l'ho già raccontato, però i miei gemelli nacquero pochi minuti dopo le sei di sera di quello che era stato un bel giorno di sole, pur essendo il nove di dicembre, dopo una di quelle rarissime notti nebbiose, anche la peggiore in ventidue anni! Con l'ambulanza che andava a passo d'uomo e ci sembrava che non dovessimo arrivare mai, sebbene non si trattasse che di otto chilometri, circa. Interminabile sembrò anche il giorno dopo. Non avendo mangiato dalla sera prima, ma temendo di perdermi il parto, se mi fossi allontanato, verso le cinque e mezza di sera tuttavia cedetti alla fame ed uscii dall'ospedale, a cercarmi un sandwich, e così davvero poco ci mancò che mi perdessi il Grande Evento, al quale ero convinto da sempre di voler essere presente.

Un evento lo era a tutti gli effetti, perché a metà degli anni Settanta i parti gemellari non erano cosa di ordinaria amministrazione, come oggi. La sala parto era infatti gremita di personaggi di vario genere, tra cui anche diversi studenti. Perché il *Queen Charlotte's Maternity Hospital* non era un ospedale qualunque, bensì una clinica specializzata in ostetricia e neonatologia. Con l'aiuto di un'epidurale, la cosa andò liscia e abbastanza veloce, dopo quelle lunghissime, interminabili ore di ansiosa anticipazione. Solo un piccolo particolare non mi quadrava: Marco aveva una parte della testa piatta, come se gliene avessero tagliato via un pezzo con un colpo di sciabola! Piuttosto impressionante, devo dire! Rimasi tuttavia molto calmo, una caratteristica che mi avrebbe consentito, molti anni dopo, in Italia, di lavorare per due estati in un pronto soccorso, senza fare una piega, anche davanti alle situazioni più cruente. Una dottoressa mi spiegò sorridendo di stare pure tranquillo, che era tutto a postissimo. I gemelli, benché prematuri di un mese, stavano benissimo, ma i neonati hanno un cranio come una palla di gomma. La cosa si sarebbe sistemata da sola ed entro poche ore. E così fu, in effetti. Un grande sospiro di sollievo!

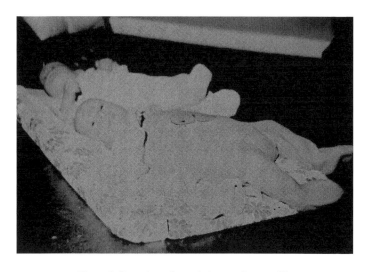

*Una delle prime foto dei nostri gemelli,
arrivati a casa nuova mentre non avevamo
ancora i mobili, ma solo il loro lettino
e i nostri due materassi, per terra!*

*   *   *

4.

MEGLIO UBRIACHI

CHE AVVELENATI!

Sfogliavo il quotidiano della sera – *The Evening Standard*. Trovai subito un'azienda che cercava nuovo personale, come guardiani di vario genere, in contesti molto diversi. Anche di notte, ma in luoghi di un certo prestigio, comunque, dunque niente cantieri o roba del genere. Non serviva alcuna esperienza. Mi presentai in un buio e squallido ufficietto, senza finestre, mi pare, nel quartiere a luci rosse, Soho. E così fui subito assunto. La brevissima formazione consistette in una riunione informativa di un'oretta, in cui ci diedero semplicemente dei consigli, che poi non erano che cose dettate dal buon senso, chi ne avesse avuto. Una cosa venne ripetuta più volte: "Voi siete gli occhi e le orecchie e basta. Non le mani, non la forza, non i muscoli. Dovete solo dare l'allarme! Chiaro? Niente eroi, qui da noi!" Chiarissimo. Anche perché la paga era di una sterlina all'ora, che non era moltissimo nemmeno negli anni Settanta! Però i turni erano di almeno dodici ore, per cui saltava comunque fuori una paghetta che non era troppo scarsa. Dal lavoro di bibliotecario, ero caduto parecchio in basso! E perché mai? Perché non avevo subito cercato un nuovo lavoro simile a quello? Non ricordo più di preciso che cosa mi passasse per la testa, in quei tempi, eccetto che questo lavoro mi permetteva di mantenere la famiglia, guadagnando parecchio di più che in biblioteca. Inoltre, scoprii ben presto che mi divertivo un sacco, in questo mio nuovo impiego, come non mi ero certo mai divertito tra gli scaffali polverosi della biblioteca dell'Ufficio Brevetti!

*

George era uno scozzese anzianotto, benché non seppi mai di quanti anni, ma almeno più di settanta, dunque già pensionato, però lavorava ancora. Era il mio collega e "superiore", perché occupava quel posto già da moltissimi anni. Facevano parte delle nostre varie responsabilità comuni anche la sorveglianza e sicurezza di quell'ingresso secondario di un edificio di otto piani di uffici. L'entrata posteriore, dunque, usata solo dal personale, che arrivava perlopiù in automobile, compreso il consigliere delegato, che veniva in una grande Jaguar limousine, guidata da un autista filippino. Anche il parcheggio era nostra responsabilità e non solo la sorveglianza, ma anche i necessari spostamenti dei veicoli, per farceli stare tutti o per far uscire chi, andando via prima, si trovava imbottigliato in mezzo a diverse altre auto.

Siccome a George non interessava questa parte del lavoro, la delegava volentieri tutta a me! Lui preferiva starsene comodamente seduto dietro il bancone, a fare solo il check-in e check-out del personale e di alcuni visitatori, sebbene quelli di riguardo entrassero dall'ingresso principale, dove c'erano invece due belle signore. Ed era meglio che se ne stesse lì buono, dietro il banco, perché nella pausa pranzo andava al pub, comodamente per lui situato proprio alla fine del parcheggio. Rientrava barcollando, ma questo lo vedevo solo io. Una volta seduto, non sembrava ubriaco. Però lo era!

Qualche volta al pub ci andavo anch'io, ma per mangiare un boccone. Lo sai che nei pub inglesi si mangia molto bene e a prezzi buoni? Ed è sempre cibo fresco e infatti, se arrivi tardi, non trovi più nulla, se non magari un *Ploughman's Lunch* – il pranzo dell'aratore – cioè di solito una baguette con formaggio, tipicamente un Cheddar di stagionatura media, con cipolline, cetriolini o lattuga o simili. D'obbligo il *pickle,* una di quelle mostarde che in Inghilterra sono semplicemente squisite! *"Na roba che la ghe ha tocà le tete a la regina"*, come avrebbe detto la mia cara Nona Gusta! Magari mi bevevo anche una birretta, ma solo una, mezza pinta! (0,28 litri) Anche perché dovevo poi giocare a dama con tutte quelle mie macchine e non solo quelle. Perché all'altro capo del parcheggio c'era infatti un garage di proprietà dalla concessionaria della Rolls-Royce, che aveva il suo salone appena dietro l'angolo, a Berkeley Square. La piazza della canzone in cui canta l'usignolo. La conosci? *"A nightingale sung in Berkeley Square!"*

Un tipico "pranzo dell'aratore",
lo snack più popolare nei pub inglesi

Foodcollection RF - Getty Images

Spesso quel tizio con il sigaro sempre in bocca, di cui non ricordo il nome, sforava con le sue Rolls dentro la mia parte del parcheggio e, siccome era sempre occupatissimo lui, toccava spesso a me spostare anche le sue auto. C'era però un grosso problema con quel dannato parcheggio: era lungo e stretto e a senso unico. Nonostante un cartello dicesse molto chiaramente che si trattava di una strada privata, molti "analfabeti" la usavano come scorciatoia per Berkeley Square, evitando un semaforo. Così, con due o tre auto dietro di me, non avevo altra scelta, per liberare il parcheggio, se non di uscire in strada con la Rolls e farmi tutto l'isolato, per rientrare dalla parte opposta. Non ti dico con quale trepidazione effettuassi queste manovre, perché non esisteva un modello di Rolls che non fosse costosissimo! Per fortuna, non feci mai danni. Non con le Rolls-Royce, almeno ...

Con una delle nostre auto invece sì! Quel famoso autista filippino doveva correre in bagno e perciò lasciò la Jaguar limousine in moto davanti all'ingresso, dove però bloccava il passaggio alle altre auto. Torno subito subito, aveva detto. Ma intanto si era già creata una bella coda, nel parcheggio. E tutti avevano sempre fretta. Anche il signore che nel frattempo era arrivato con la Renault 5. Dovevo spostare la Jaguar. Salii e toccai appena l'acceleratore, ma lei fece un vero balzo, da giaguaro appunto, in retromarcia! Io sentii un botto!! Ma come, non mi ero quasi mosso! Scesi e solo allora vidi la piccola Renault 5, appiccicata alla Jaguar. Potei poi constatare che la Jaguar non aveva nemmeno un graffio, mentre si era incrinato il paraurti della Renault!

Allo chauffeur filippino non dissi certo nulla, ma dovetti andare dal proprietario dell'altra auto. Lui fu gentilissimo e mi disse che quella era l'auto di sua moglie e che lei regolarmente ci faceva dei danni, manovrando o parcheggiando. Di stare tranquillo, che era solo questione di poco tempo, prima che lei facesse i prossimi. Insistetti che tanto eravamo assicurati, etc., ma lui non volle saperne. Nemmeno a George dissi nulla, sennò lui avrebbe dato dell'ubriaco a me, immagino!

Una splendida 'Silver Shadow' del 1972 la si può ancora trovare e al prezzo irrisorio di soli 50.000 euro!

Sotheby's è una delle più grandi case d'aste d'arte del mondo, che a Londra aveva la sede vicino al mio parcheggio e due posti là dentro erano loro. Spesso però qualche dannato abusivo riusciva a parcheggiare prima che me ne accorgessi e allora era un bel guaio, perché mi lasciavano le chiavi, come se fosse un problema mio, e mentre l'auto di Lord Westmoreland era solo un macchinone ma abbastanza normale, la seconda auto era quel mostro della Citroën, che andava sotto il nome di CX Safari, un mezzo lunghissimo, che sembrava non finire mai, specie quando dovevi manovrarla in retromarcia e in quegli spazi angusti! Vero che, ogni tanto, mi davano una *piccola* mancia quei ricchissimi signori.

Si sa tuttavia che i più ricchi non sempre sono i più generosi. Ciò che era invece Billy Ocean, un cantante originario di Trinidad, che divenne poi famoso, ma forse a quei tempi non lo era ancora. Veniva negli studi della casa discografica con sede sempre là, dentro quel parcheggio, ma che non aveva posti macchina, o forse solo uno o due. Guidava un modello di Renault orribile Billy, una specie di piccolo coupé (una 15, mi pare), che doveva essere l'auto più brutta che quella casa abbia mai costruito! Andava sempre di fretta e mi lasciava dunque chiavi e banconote sopra l'aletta parasole. In tempi recenti, ho trovato per caso e con grande piacere un suo CD, in un negozio di dischi. L'ho preso subito, ovviamente, così, come ricordo di quei bei tempi. Ritrovato su Facebook, vedo che li porta molti bene Billy i suoi 71 anni! Una delle sue canzoni più famose è *'Love Really Hurts Without You'*. Magari tu la conosci.

63

I "parcheggiatori abusivi" erano il mio incubo. Uno particolarmente stupido e assai cocciuto si ripresentava regolarmente, nonostante gli avessi dapprima spiegato con le buone i problemi che mi creava, parcheggiando di traverso davanti a tre file di macchine da me sistemate ad arte, per essere pronte a partire in *pole position,* una dopo l'altra, secondo l'orario. A mali estremi, estremi rimedi! Un giorno gli sgonfiai una gomma. Mi aveva insegnato George come fare, per non dare nell'occhio: bastava, tolto il cappuccio, inserire nella valvola un fiammifero, che faceva poi da solo tutto il resto. Non bastò, perché il testardo si rifece vivo, qualche settimana dopo. Allora si trovò due gomme a terra! Ma nemmeno questo lo fece desistere. Quando però si trovò con tutte e quattro le gomme sgonfie, non si fece mai più vedere.

*

Intanto, la minaccia delle bombe dell'IRA era tutt'altro che sparita, nemmeno diminuita. Così, quando un giorno mi trovai all'improvviso con un'automobile sconosciuta con targa irlandese, si scatenò un veritiero putiferio! George chiamò la polizia (qualche cosa, ogni tanto, la faceva anche lui), che arrivò in pochissimi minuti e con diversi mezzi, anche blindati!! Fecero allontanare tutti e non vollero che li aiutassi a spostare le altre auto. "Mi dia le chiavi e si allontani, facciamo tutto noi!" mi dissero. Ubbidii subito e molto volentieri. Svuotato il parcheggio, entrò in azione il robotino che doveva esaminare il veicolo sospetto. Proprio in quel momento, arrivò di corsa un signore tutto trafelato e agitato, che spiegò subito, scusandosi, che quell'auto era la sua. Il sergente che guidava l'operazione gli urlò tante di quelle malegrazie, che il povero idiota si mise a piangere. Perché da idioti era davvero il suo gesto egoista, visti i tempi che correvano! Il poliziotto gli disse anche che, se avesse tardato ancora un paio di minuti, la sua auto l'avrebbe trovata a pezzi, perché l'avrebbero presto fatta esplodere!! Forse lo disse anche per spaventarlo, così che non lo facesse mai più, ma erano cose che succedevano, eccome, a Londra, a quei tempi!

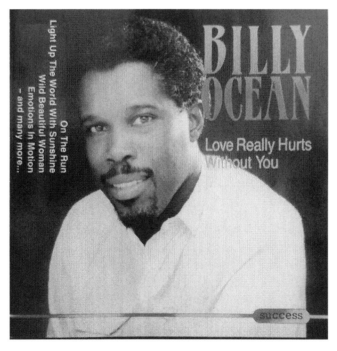

Leslie Sebastian Charles, ovvero Billy Ocean,
esattamente come me lo ricordavo

Quando diciamo oggi che *"Mala tempora currunt"*, è forse quasi un'esagerazione, perché quelli sì che erano tempi molto cattivi, *esplosivi*, perfino! Ma letteralmente. Anche perciò, ogni tanto ci voleva proprio qualcuno che trovasse un modo, per quanto strano, di farci tutti un poco sorridere, o perfino ridere. Quando avevo il turno di sera, il mio ultimo compito consisteva nel passare, uno per uno, tutti gli otto piani, a controllare che tutto fosse spento – schermi PC, fotocopiatrici, etc. – e che tutte le porte e finestre fossero chiuse. Entrando così in uno degli uffici, sobbalzai, nel trovare, seduta davanti ad un computer, una persona praticamente sdraiata sulla sedia, con la testa che pendeva all'indietro, che poteva essere svenuta. O persino morta! Indossava una tuta da ginnastica. Nella quasi oscurità, l'incontro fu per un attimo abbastanza impressionante. Ma solo per un attimo, perché capii poi quasi subito che si trattava del manichino che usavano per le esercitazioni di primo soccorso, che avevo perciò già visto in infermeria. Scoppiai a ridere e poi più tardi, rientrato a casa, feci ridere anche Sossó, raccontandole del mio strano incontro.

Chi invece non trovò la cosa per niente buffa fu una delle due signore delle pulizie, che mi venne incontro nell'ingresso alle sei di mattina (ero di turno presto, il giorno dopo) in uno stato di terribile agitazione. Ci vollero parecchi minuti, prima che iniziasse a calmarsi un poco! Perché lei era del tutto convinta di aver trovato un cadavere di sopra, seduto davanti a quel PC. Cercai di persuaderla a venire su come me, per farle vedere di cosa si trattasse veramente, ma non ci fu verso. Invece arrivò intanto la polizia che pure lei stessa aveva chiamata, mi disse, ma ora, al vederli arrivare, ricominciava ad agitarsi! Spiegai che si trattava sicuramente di uno scherzo che qualcuno voleva fare a un collega, che lo avrebbe scoperto arrivando in ufficio. Uno scherzo di pessimo gusto, disse freddo uno dei poliziotti. Vi saranno conseguenze, per qualcuno. La signora non volle salire nemmeno con i poliziotti, che, entrati con me nell'ufficio, scoppiarono a ridere, loro malgrado. Ribadendo tuttavia che si trattava di uno scherzo di cattivo gusto, che a qualcuno avrebbe potuto perfino provocare un malore. Perciò avrebbero fatto opportuno rapporto e il responsabile sarebbe stato sanzionato. Poi però scoppiarono di nuovo a ridere. E, credo, assai comprensibilmente, molto abituati come sono a trovare invece dei cadaveri veri!

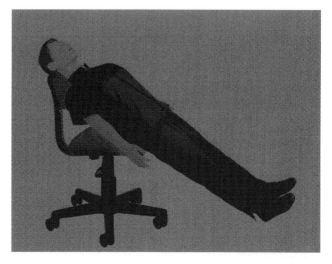

Questa, circa, la scena che mi trovai davanti!
(Questa "simulazione" è una mia creazione)

C'era davvero una bella collezione di personaggi particolari in quel parcheggio! Uno di questi era un secondo scozzese, un omino piccolo, magro, ossuto, molto diverso da George (anche perché non beveva!), che oggi mi fa venire in mente Tazio Nuvolari, come lo descriveva il grande Lucio Dalla in quella sua canzone: "ha cinquanta chili d'ossa" e "ha la maschera tagliente". Jock lavorava per Sotheby's, si occupava del loro piccolo parco auto. Era un ottimo meccanico, infatti, e da lui imparai un sacco di cosette e quante piccole riparazioni riuscivo ad effettuare io stesso sulla Fiat 127 di allora, seguendo i suoi utili consigli! Mi aveva anche insegnato come poter creare un rudimentale sistema di allarme, che attivava il clacson, quando aprivi le porte, sfruttando gli interruttori delle luci interne. Dei meccanici non ci si può fidare, diceva spesso, meglio fare da soli! Certo, sapendo e potendo fare, magari. E poi di meccanici bravi ce ne sono e io ne ho conosciuti alcuni, anche onesti ed affidabili, come Francesco e Franco a Treviso, Bruno a Belluno e quello mio attuale, qui a Berlino, di nome Werner. Gli raccontai un giorno come Werner fosse stato probabilmente il primo nome maschile tedesco che incontrai da giovanissimo. E perché? Perché mi affascinava l'esplorazione dello spazio e così saltò presto fuori il nome di Werner von Braun! Che era stato, purtroppo, il padre dei primi missili balistici, quei famigerati V1 e V2 che dalla Germania nazista bombardavano Londra, ma in America, più tardi, fu anche il grande pioniere dei voli spaziali, con il suo gigantesco razzo vettore, il Saturn V, ad esempio.

*

A Bhopal, nello stato indiano del Madhya Pradesh, accadde nel 1984 uno dei più grandi disastri industriali di tutti i tempi. A seguito di una fuga di gas in un impianto di produzione di pesticidi, morirono circa 4.000 persone, secondo i dati ufficiali, ma alcune stime dicevano 16.000. Il gas responsabile di quella ecatombe era un gas altamente tossico, letale anzi: il metilisocianato. Quello stabilimento era di proprietà della Union Carbide, che fu in seguito accusata di non avere mai ammesso del tutto la propria responsabilità e di non avere risarcito adeguatamente le vittime della catastrofe. Ma che cosa c'entra tutto questo con la nostra storia inglese?

C'entra, perché io, in quel famoso parcheggio, avevo lavorato proprio per la Union Carbide, che, benché non fosse il mio diretto datore di lavoro, era come se lo fosse e da loro fui sempre trattato solo benissimo. Ogni tanto, mi offrivano anche la possibilità di guadagnarmi qualcosa in più, di domenica, ad esempio, andando in treno fino all'aeroporto di Manchester a recuperare una Ford Cortina (Taunus, qui da noi?), usata da qualche collega americano in partenza. Ricordo una volta che nevicava tanto e non mi sentivo per nulla sicuro, con il cambio automatico a cui non ero abituato e tutta quella neve! E a Natale erano sempre bottiglie di scotch, un bonus in denaro e molto altro ancora.

*

Uncle Burt, come lo chiamavamo tutti noi, alla Instant Aid Security Limited, perché lui davvero era lo zio di tutti, sempre gentile e servizievole, senza però mai essere servile. Un signore di altri tempi, alto e magro, elegante, sempre di buon umore, sempre ben vestito, ma sempre in borghese; ottant'anni suonati ormai da tempo, ma in gambissima. Era stato militare e aveva un portamento marziale, infatti, però senza boria né arie, solo eleganza. Conosceva tutti i cantanti più famosi dell'epoca, perché lavorava all'ingresso degli studi della EMI Records, a Soho. Lo conobbi perché qualche volta gli davo il cambio proprio lì, però non incontrai mai nessuno di celebre, là dentro, perché durante il finesettimana c'era poca attività, almeno di giorno. Fuori invece, ebbi modo di conoscere vari artisti, allora non ancora famosissimi, come Boy George e il duo pop Wham! Prima che George Michael prendesse il volo da solo, contrariamente a quanto aveva promesso in una loro canzone …

*

Fu lo stesso Uncle Burt ad introdurmi al Carlton Club, avendo saputo che studiavo. Vi lavoravo solo nei finesettimana e anche quando ero ormai già impiegato a tempo pieno all'università, ma dovevo arrotondare. Il Carlton era uno di diversi club per gentiluomini, dove rigorosamente non erano ammesse le donne. Lì ci andavano quei signori a parlare di politica, a fumarsi un sigaro, a pranzare, anche a dormire, perché c'erano alcune camere, per chi abitasse fuori Londra. Se fossero andati in cucina, a cui io stesso diedi un'occhiata veloce e una sola volta, forse non avrebbero mai più avuto lo stomaco per mangiare di nuovo là dentro. Io ne ho viste di cucine, nei vari hotel in cui ho lavorato nei miei giovani anni, ma quell'odore vomitevole di unto, di rancido l'ho sentito solo un'altra volta: nella cucina della vecchia Frau Heinzel, a Monaco di Baviera! Una sola donna fu ammessa come socio del Club, ma di lei dicevano i critici che ci stava, visto che lei era un uomo mancato, in realtà! Indovini chi fosse quella signora? Sì, la famigerata *Iron Lady* – la signora di ferro – l'arcinota Margaret Thatcher, che secondo me cambiò radicalmente il volto del Paese. E non certo per il meglio!

Lei non ebbi mai il piacere, peraltro assai dubbio, d'incontrarla, solo intravvista un'unica volta da lontano. Incontrai invece un suo caro amico d'oltreoceano. Una mattina stavo giusto uscendo di casa, da quel bell'appartamento in riva al Tamigi, dove eravamo finalmente capitati, dopo lunghe ricerche infruttuose. Perché molti padroni di casa non ti volevano con marmocchi, anche se ancora solo nella pancia della mamma! Dall'altra parte della strada, davanti ad Old Battersea House, un magnifico edificio del '700 di proprietà sicuramente di gente importante, visto chi erano gli ospiti che di solito ci arrivavano, si era radunata una piccola folla. Incuriosito, mi avvicinai anch'io. Oggi di sicuro non lo farei più, pensando ad un certo verso della Commedia di Dante. L'atmosfera era molto ilare, si rideva e si scherzava. E a chi era dovuta tutta quell'allegria? A quel famoso presidente-cowboy, o presidente-attore, se preferisci: Ronald Reagan, grande amico della Thatcher! Erano, com'è che si dice, come il culo e la camicia? Un detto che non ho mai capito! Avrebbe più senso dire come il culo e le mutande, no? Perché se io magari la camicia la porto *fuori* dai pantaloni ...

L'amico Franco con i gemelli Marco e Pierre

Negli anni in cui studiavo all'università, mi andava benissimo fare la guardia al Carlton Club, perché non c'era quasi nulla da fare, se non studiare, appunto! Di domenica, Marie-Solange spesso veniva con i gemelli e con un bel picnic, così almeno potevamo stare tutti insieme, per qualche ora. E Marco e Pierre potevano farsi un pisolino su uno di quei grandi divani di pelle, o scorazzare un poco su è giù per lo scalone.

72

Lì dentro lavorava anche un certo John, scozzese anche lui! Avrà avuto una quarantina d'anni. Gli piaceva fare stupidi scherzi di cui ridevo e basta, di solito, perché non sono facile da spaventare. L'ambiente era perfetto per esserlo, spaventati cioè: vuoto, buio, con tutte le imposte chiuse, silenzioso e molto suggestivo, con tutti quei grandi ritratti di personaggi storici famosi. Franco, che ci venne una volta, commentò che non ci sarebbe stato tranquillo, se non armato! Però, come forse tu saprai, nel Regno Unito nemmeno la polizia è armata, salvo certi reparti speciali, in situazioni particolari.

Una sera, mentre stavo studiando dentro quel minuscolo bugigattolo del portiere degli altri giorni, udii all'improvviso un urlo agghiacciante provenire da in cima alla grande scalinata!! Mi fece sobbalzare, perché ero molto assorto nella mia lettura, però non mi spaventai, perché pensai subito ad un ennesimo scherzo di quello sciocco di John lo scozzese. Qualche secondo dopo, arrivò un secondo, poi un terzo urlo. Amplificato come era dall'architettura di quel grande edificio, ci sarebbe stato veramente di che spaventarsi, ma io uscii dalla mia guardiola e chiamai ad alta voce "John, smettila di fare lo scemo! Tanto so che sei tu!" Silenzio. Si sentiva solo il ticchettio della grande pendola dell'atrio.

Ritornai ai miei libri, ma pochi minuti più tardi ecco un nuovo urlo! Ancora oggi, al ricordarlo, mi dà un po' i brividi. Perché ora pensavo che John a quell'ora era di solito ancora in giro per Londra, visto che non lavorava, nei finesettimana. Allora di chi era quell'urlo? Uscii di nuovo e gridai di smetterla, perché altrimenti avrei chiamato la polizia! Ma dopo poco echeggiò dalla grande scala un altro urlo, tanto agghiacciante quanto i primi. Allora telefonai subito alla polizia, che arrivò velocissima, perché quello era un club di politici *Tory* (Conservatori) di alto rango, perciò bersaglio possibile per ogni sorta di malintenzionati.

Spiegai tutto in poche parole e mi dissero che avevo fatto benissimo a chiamarli e a non essere andato io ad indagare di cosa si trattasse, ma di averli invece aspettati di fuori, sul marciapiedi. Entrarono e perquisirono tutto il club. Non c'era nessuno là dentro! Ma come, e allora, quelle urla? Uno di loro guardò la mia pila di libri e mi chiese che cosa stessi leggendo. Ho capito, gli dissi, ma nulla che potesse suggestionarmi al punto da immaginare urla inesistenti e comunque che non ero uno facilmente suggestionabile! O non avrei potuto fare quel tipo di lavoro.

E John, lo scozzese mattacchione? Non rientrò quella notte. Né mai. Pochi giorni dopo, venni a sapere dal caro Uncle Burt che John era stato trovato cadavere in una buia stradina di Soho, il quartiere a luci rosse, per capirci. Una morte molto misteriosa, ma non si seppe altro. Era forse rimasto vittima di un proprio ennesimo stupido scherzo, pensai? Tanto va la gatta al lardo, che ci lascia lo zampino! E io avevo sentito le sue urla, mentre qualcuno lo uccideva? Non seppe dirmi nulla nemmeno la signora Jean, scozzese anche lei (!) e della stessa tempra di George, il mio collega del parcheggio. Per quanto riguardava cioè la loro predilezione per quel celtico nettare degli dei. Sulla cinquantina, circa, Jean era una bella signora, elegante e, come si capiva dal suo linguaggio forbito, anche istruita. L'inglese è una lingua classista e una persona la puoi collocare subito, socialmente, da come parla. Come era finita lì dentro, a fare la cameriera ai piani, una signora così? Forse per causa di quel suo vizietto? Rientrava infatti sempre assai alticcia dalla città, a notte fonda, benché, grazie al suo evidente grande allenamento, lo potei capire solo dopo qualche tempo. La Vita è volentieri crudele e, se finisci molto in basso, non è facile poi risalire quella china, ripida e scivolosa!

Carlton Club: la grande scala delle urla misteriose!

Al Carlton, rischiai tuttavia forse molto meno che altrove, soprattutto perché, quando c'ero io, non c'erano i VIP! Nell'84, o forse '85, corsi rischi ben peggiori come guardia da Cartier, a Bond Street, benché a me non fosse sembrato. Era una grande gioielleria, come saprai, e conteneva anche pezzi di enorme valore, ma era tutto talmente blindato e rinchiuso in cassaforte con meccanismo orario, impossibile dunque da aprire in momenti diversi da quelli previsti. Io mi sentivo dunque molto sicuro e tranquillo, e studiavo per il master allora, solo di domenica però e nemmeno tutte le domeniche. Perché essere invece impegnato tutti i finesettimana allo Hyde Park Hotel era diventato pesante, tenendo presente che avevo ancora i miei impegni dei corsi universitari e che nelle altre sere "libere" insegnavo l'italiano in due o tre istituti per adulti!

*

Come funzionasse il sistema di allarme e sicurezza da Cartier non lo avevano certo capito alcuni balordi, che una domenica erano riusciti, chissà come, ad introdursi nella famosissima gioielleria, senza far scattare il sofisticato allarme, minacciando poi quel povero disgraziato del mio sostituto con dell'acido, che gli gettarono anche, inutilmente, in faccia!! Disgraziato davvero il mio collega, perché non era in grado di aprire la cassaforte, nemmeno se lo avesse voluto. Tutto questo sarebbe, ovviamente, dovuto o potuto succedere anche a me! Insomma, tra bombe e quant'altro, devo ammettere di avere sempre avuto una buona dose di fortuna, negli incidenti. Qualcuno ha detto che è mia madre Corinna che "di lassù" veglia costantemente su di me. Un bel pensiero, carino, ma non ci credo molto. Un'altra spiegazione può stare forse nella profezia di una zingara. Una zingara, che un giorno, uscendo io di fretta da un negozietto locale, mi afferrò la mano all'improvviso, spaventandomi anche un poco! "Ma che fai, sei pazza?", le gridai. "Stai calmo", mi rispose, "voglio solo leggerti la mano." "Non credo a queste sciocchezze!", dissi. Ma lei non mollava la presa. Ora cominciavo anche ad infastidirmi, perché avevo fretta appunto. Lei però, imperterrita, iniziò a scorrere con l'indice il palmo della mia mano, annunciando che avevo una linea della vita molto lunga, regolare e ben marcata. Mi sarei sposato a breve e avrei avuto due figli, gemelli. Forse maschi, ma di questo non era certa. E sarei morto serenamente di vecchiaia a novantacinque anni!! A questo punto, più divertito che infastidito, scoppiai a ridere di gusto! Che balle!! Ma se non avevo nemmeno una fidanzata, con chi dovevo farli quei presunti gemelli? Lei rimase serissima, ripetendo tutta la sua profezia, come un oracolo, o una sibilla, competente e convinta. Del mio strano incontro non dissi nulla a mia moglie, quando la conobbi, solo mesi più tardi. Prima profezia avverata: in effetti, ci sposammo. E un anno dopo nacquero i gemelli Marco e Pierre: due maschietti, certo! La seconda profezia! Allora vuol dire che davvero sono condannato a stare qui ancora venticinque anni? Spero proprio di no!! Non in questo mondo e non con l'andazzo che qualcuno vorrebbe fargli prendere! E temo che ci riusciranno anche, visto il potere che hanno quei maledetti!!!

*

Ti ricordi di Dorothy? Mrs Crewe, la mia prima padrona di casa, molto matta. Non rammento se ti avevo anche raccontato che per lei preparavo degli stuzzichini per le sue serate di *bridge,* gioco che lei avrebbe voluto che io imparassi, ma io per le carte, no, proprio mai interessato. Uno dei suoi ospiti più regolari era Gerald, un suo amico gay di vecchia data, proprietario di un bel negozio di antichità. Era un signore elegante, molto distinto, Gerald, dalla parlata aristocratica. Mrs Crewe mi aveva raccontato, infatti, che lui era di ottima famiglia e già molto ricca, un tempo, ma caduta in rovina. Una triste sorte, che toccò a moltissime famiglie aristocratiche inglesi.

In giro per Londra, un pomeriggio incontrai un signore che sembrava proprio Gerald, però non ci stava, perché spingeva una vecchia bici che aveva il manubrio pieno di sacchetti di plastica, tutti strapieni. Cosa tipica dei *clochard,* insomma, a quei tempi. Lo raccontai a Dorothy, che mi disse che sicuramente era lui, perché il negozio era fallito e così aveva perso anche la casa e viveva per la strada! Incredulo, le chiesi se non avesse amici o famiglia, qualcuno che gli desse una mano. E come lo aveva saputo lei? Da un loro amico comune. Gerald aveva diversi amici e lei stessa aveva offerto di ospitarlo, ma lui era troppo orgoglioso, per accettare qualsiasi tipo di carità! Preferiva cavarsela da solo. *Sic transit gloria mundi!* Ovvero: dalle stelle alle stalle? In questo caso, una modesta stalla sarebbe stata già un lusso: riparata, asciutta e calda, almeno!

*   *   *

In una grande metropoli, ci vuole assai poco, per finire
a dormire per le strade, dove puoi tranquillamente
anche crepare, perché comunque nessuno ti nota!
O almeno fanno finta di non vederti ...

5.

PICCIONI D'UFFICIO

E *SERIAL KILLERS*

Marco e Pierre crescevano, nel frattempo, belli e sani. Due bambini adorabili, ora che ci lasciavano perfino dormire, di notte! Siamo intanto così arrivati al febbraio del 1979, con questo racconto, e i nostri pargoli avevano compiuto tre anni, a dicembre. Avevano già avuto modo di apprezzarli anche alcuni bei personaggi che passarono per casa nostra. Elena, l'allora morosa di Franco (ti ricordi di lui?), ci aveva mandato la dolce Catia, che veniva su per motivi di studio ed era una persona deliziosa. Apprezzò molto la nostra ospitalità Catia e, rientrata in Italia, ci mandò due bei cappottini per i gemelli, uno bianco e uno nocciola, perché aveva visto che preferivamo vestirli diversamente. Era piaciuta molto anche a Marco e Pierre la carissima *Cachia*, come la chiamavano loro! Lei a sua volta ci mandò poi Antonella, dalla Brianza, che diventò una grande amica e lo è tuttora, spero, anche se la pensa diversamente da me, rispetto a questo enorme, vergognoso, satanico Imbroglio Mondiale, che ci coinvolge tutti e che farà sì che si perdano molte amicizie, anche belle e di vecchia data. Perché la propaganda è stata molto efficace e ora il vicino di casa, che fino a ieri era un grande amico, quasi un fratello, viene visto come il Grande Nemico. Perché, pensando ancora con la propria zucca, non ritiene opportuno farsi iniettare con sostanze come minimo sospette! Insieme al marito Mario, ci salvarono allora dalla catastrofe, quando Sossó dava i primi segni di cedimento. Vennero in auto fino a Calais, a prendersi i nostri due marmocchi, che avevano quattro anni, e se li portarono in Italia per un intero mese. Motivo per cui sarò sempre in debito con loro, perché erano molto impegnativi i due diavoletti, a quell'età!

I gemelli Marco e Pierre

Era ora di pensare seriamente al futuro e di trovare un impiego decente, stabile e sicuro. Dove meglio dunque che all'Università di Londra? Vidi in un giornale, però stavolta non ricordo quale, l'annuncio: cercavano un impiegato generico, un *clerical officer*, per quel loro *Publications Office,* l'Ufficio Pubblicazioni. Situato a Gordon Square, nel distretto di Bloomsbury, lo stesso del British Museum. (Destinato io a frequentare quella zona per diversi anni!) Mi aspettava per il colloquio un ometto che mi ricordava un poco quello scemo di Maurice, della biblioteca, però questo signore si rivelò subito essere ben altro tipo: cordiale, gioviale, scherzoso. Fin troppo, come dissero in seguito le colleghe maligne! A me risultò subito simpatico. Mi disse di sedermi pure, di pazientare solo un minuto, perché doveva arrivare un mio connazionale. Spuntò quasi subito l'italiano, infatti, che si presentò come Giorgio Chiosso. "Parente di Leo Chiosso, il famoso paroliere, forse?" chiesi. Sì, lo era, alla lontana: era un cugino di terzo grado, da parte del padre. Tu magari sei troppo giovane, per ricordarti chi fosse Leo Chiosso, un famosissimo paroliere degli anni Cinquanta, che collaborò a lungo anche con l'altrettanto famoso cantante Fred Buscaglione. Era di loro due anche la canzone 'Eri piccola', che riscosse a suo tempo un enorme successo.

Con Giorgio, fu amicizia a prima vista. Lui era il mio diretto superiore, che però proprio non si dava nessuna aria di esserlo. Anzi, scherzavamo e ridevamo un sacco, soprattutto con sciocchi ma divertenti giochi di parole, doppi sensi, "falsi amici" e assurde traduzioni dall'inglese in italiano e viceversa. Avevamo perfino un piccione di nome Gordon, in ufficio. Gordon, dal nome della piazza, ovviamente. Noi due ci servivamo dunque di questo piccione viaggiatore, per trasmettere tra di noi note di credito e documenti simili, che, redatti da me, richiedevano però poi la firma di Giorgio, per essere validi.

Ma che cosa hai capito? Un piccione vero, che avrebbe sparso i suoi "bisognini" su tutte le carte dell'ufficio, che erano sempre tantissime? Giorgio mi raccomanda di non usare parolacce, però mi sa che lui manca dall'Italia da troppi anni! Ne abbiamo nel frattempo sdoganate di ben peggiori di parolacce! Ma no!! Gordon lo aveva costruito Giorgio con del cartoncino e funzionava anche abbastanza bene, nei suoi brevi voli postali tra una scrivania e l'altra. Con grande divertimento dei rimanenti colleghi, che avranno sicuramente pensato che gli italiani fossero dei pazzi furiosi. Non ce lo dissero però mai. O almeno, non a noi.

Tra un decollo e un atterraggio del "collega" Gordon, squillava anche quasi ininterrottamente il telefono, con quella rumorosa campanella che ancora avevano tutti i telefoni all'epoca! Era responsabilità di Giorgio rispondere. In realtà suonava prima da basso, in negozio, ma i nostri colleghi erano sempre molto occupati, così poi la chiamata passava da noi, su di sopra, e ho scoperto solo di recente da Giorgio che fu perfino quello il motivo che lo spinse ad andarsene, dopo di me. Era talmente stressato da quel dannato campanello, che finì per rinchiudere l'apparecchio dentro un armadio. Quando il capo però scoperse la cosa, non fu per nulla divertito! Divertente era invece ascoltare Giorgio, quando, al telefono, per far capire alla gente l'ubicazione esatta del nostro spaccio, aggiungeva ogni tanto, a mo' di ulteriore chiarimento: "Gordon Square, *Gordon,* come il famoso *piccione* Gordon, ha presente?" E in tanti rispondevano: "Sì, certo, capisco, grazie!" Perché la gente odia dover ammettere di non sapere certe cose importanti ...

*

Come ti dicevo, con Giorgio fu amicizia a prima vista, o quasi, una bella amicizia che dura ancora oggi. Per me, Giorgio ha un solo "limite": non vuole saperne di volare! Così, quando mi disse che il figlio Timothy avrebbe sposato una bella americana e io già lo prendevo in giro che ora gli toccava per forza salire su un aereo, mi rispose tranquillamente no, no, che era già tutto deciso: in America ci sarebbero andati in nave, con la moglie Gwen, originaria dello Yorkshire! Sì, proprio come quei simpatici ma pestiferi cagnetti o come quelle tre famose letterarie sorelle Brontë! Conosci forse il romanzo 'Cime tempestose', ad esempio, immagino? Loro avrebbero viaggiato su un grande transatlantico, come i nostri emigranti di altri tempi! Solo molto, molto più comodi. Sarebbe stata così anche quella luna di miele che non avevano mai fatta. Che romanticoni! Qui non ti viene anche in mente una certa scena di un certo film?

Giorgio, in tempi recenti, assorto nel racconto delle mie tante vite da randagio paneuropeo

Il mio debito più grande con Giorgio è il suo aver aggiunto alla mia vita una nuova, del tutto inattesa e davvero bellissima dimensione. Quella dell'insegnamento! Che mi ha regalato negli anni grandi emozioni e soddisfazioni, fin dai primi titubanti, inesperti passi; non solo, ma anche alcune splendide e durature amicizie con i miei studenti. Alcuni mantengono il contatto anche a distanza di diversi anni. Proprio oggi, da San Donà di Piave (VE), uno dei miei studenti migliori, Enrico, mi ha scritto: "Restano indimenticabili le tue lezioni e soprattutto le post-lezioni, davanti a un bicchiere di birra!" E non te lo racconto per vanto, se tu mi conosci, questo lo sai bene, ma sono cose che ti scaldano il cuore. Perché io nelle mie lezioni ci ho sempre messo il cuore, appunto. Mi fanno una rabbia tremenda quegli insegnanti cialtroni, che fanno quel nobile lavoro, molto, molto importante, tanto per fare qualcosa!! Più di quello del sacerdote, è un lavoro che andrebbe fatto solo per una vera vocazione. Altrimenti, farai sicuramente più danni che altro! Specialmente se non sei nemmeno particolarmente preparato nella tua materia. Come spesso ho avuto modo di constatare, con grande tristezza.

*

Come accadde che Guido scoprì, quasi per un caso fortuito, che forse era quella la sua vera vocazione? Una mattina, Giorgio mi disse che avrebbe dovuto fare l'esame di guida per la patente, ma fuori Londra, dove le liste di attesa non erano così lunghe. Come io ben sapevo, lui insegnava l'italiano in corsi serali, in un istituto per adulti, là, poco distante dal nostro ufficio. Ebbene? Ebbene, non sarebbe potuto ritornare in città in tempo per la sua lezione del giovedì sera e pensava che io avrei potuto sostituirlo! IO??! "Ma io non ho mai insegnato!" Nemmeno lui, prima, mi rispose ridendo. E poi era sicuro che me la sarei cavata benissimo. Che fiducia! Mi avrebbe preparato un programma della lezione e mostrato il libro, insomma, non mi avrebbe certo buttato lì dentro così, allo sbaraglio. Dunque accettai.

Essendo passato per tanti, svariati lavori, quasi sempre a contatto con il pubblico, a quel punto non ero certo più il giovanotto timidino di anni prima, però che cosa significhi affrontare una classe per la prima volta lo può capire solo chi ci è passato. Una classe adulta, per di più, magari super critica! Tuttavia, quel battesimo di fuoco andò bene, anzi molto bene. Mi trovai subito a mio agio e riuscii a mettere a loro agio anche quei miei allievi per una sola sera. Mi venne tutto così naturale, spontaneo, che mi sembrò quasi facile. "Vedi, hai proprio un dono, lo sapevo!" mi disse poi Giorgio e aggiunse che gli studenti avevano chiesto se mi avrebbero rivisto, in qualche altro corso. Il caso poi volle che Giorgio si ammalasse e che dalla scuola mi chiamasse la direttrice del dipartimento di lingue moderne, la simpaticona di nome Maureen Ransom, per pregarmi di voler sostituire Giorgio, scusandosi del poco preavviso. Accettai, ovviamente, anche se questa volta non avevo un programma della lezione e nemmeno il libro. Dovetti perciò improvvisare, scoprendo che nemmeno questo mi risultava troppo difficile. Forse che avevo davvero un "dono"?

Poco tempo dopo, Maureen mi chiese se non mi sarebbe piaciuto avere un corso tutto mio, in autunno. Se mi sarebbe piaciuto? Avrei anche pagato io, per poterlo fare! Ma non serviva, anzi, pagavano loro me. Anche dei corsi gratuiti di didattica, il fine settimana, con vitto e alloggio compresi. Erano i bei tempi dell'ILEA – la *Inner London Education Authority* – tempi in cui si investiva ancora nella cultura, prima che la signora Thatcher facesse la sua devastazione, con tagli selvaggi di tutto ciò che fosse ritenuto "superfluo"!

Con Giorgio, organizzammo in seguito anche dei corsi in tandem: un'intera serata, dalle 18 alle 21, in due parti. Nella prima, lui faceva lezione di grammatica; nella seconda, io mi occupavo di conversazione, giochi di ruolo e altre attività, come il canto! A fine trimestre, c'era sempre una bella festa, con cibo e vini italiani, di cui puoi vedere sotto una prova fotografica. Ad una di queste feste appunto, io arrivai in classe indossando un frac e un cappello a cilindro; poi cantai "Lui andava spavaldo a cavallo", resa celebre (era sua?) dal grande Gino Bramieri, che, forse troppo giovane, tu non ricorderai. Cantò con me anche tutta la classe, ovviamente, che avevo preparata nelle lezioni precedenti. "Sognava una bellissima automobile, per conquistar la sua vezzosa bambola, ma avendo solamente pochi spiccioli, un bel cavallo bianco si comprò! E lui andava spavaldo a cavallo, col cilindro e una rosa all'occhiello. Lei diceva 'Che bello, che bello, quell'uomo a cavallo è l'uomo del mio cuor!' ... Tutti lo invidiavano, tutti gli dicevano 'Ormai sei a cavallo, per te la vita è bella, continua a cavalcar!'..." Quante risate, che splendide serate, del tutto indimenticabili, che bei tempi! Perché la Vita in effetti era bella, nonostante le grandi fatiche e i tanti sacrifici, ma lo è ancora oggi, in barba a tutto! Cerchiamo di non dimenticarcelo!

Corso d'italiano ... ma anche molto di più!

Con Giorgio, era anche bello andare a pranzo in
una delle numerose mense universitarie in zona,
tra cui le due migliori, quella della SOAS (Scuola
di studi orientali e africani) e della SSEES (Scuola
di studi slavi ed est-europei). Ovunque si
mangiava benissimo, anche piatti esotici, e si
pagava pochissimo! Diventò questa una specie di
nostra piccola tradizione, che mantenemmo
anche dopo che io lasciai l'ufficio per un altro, ma
sempre dentro l'università e sempre in zona
Bloomsbury. Anzi, dopo il mio ritorno in zona,
visto che il cambio di lavoro comportò dapprima

uno spostamento più vicino a casa, che però non durò che un paio d'anni.

*

"*Executive Officer*" suonava molto meglio di "*Clerical Officer*"! Insomma, stavo già facendo carriera, dopo pochi mesi. Non sapevo ancora che poi non sarei andato molto più avanti, per essere sempre quel ribelle che ero stato fin da bambino. *Accommodation Office* si chiamava il servizio universitario che si occupava degli alloggi per i nostri studenti. Di cui esisteva una sede centrale, sempre in quella famosa zona di Bloomsbury, ma io sarei stato invece distaccato alla sede di South Kensington, cioè dentro il campus universitario di Imperial College, uno dei tanti college federati dell'università di Londra, specializzato in scienza e tecnologia.

Ora lavoravo in una zona bella almeno quanto Bloomsbury, forse anche di più, inoltre ero a metà strada da casa, rispetto a prima, per cui vi arrivavo in un quarto d'ora di bicicletta, un bel vantaggio. Oltre a quello di essere anche salito di uno scalino gerarchico, con aumento di stipendio, ovviamente. La mia capufficio però era una certa Kay Long, un vero, terribile incubo di donna, una tremenda vecchia zitella, severissima, pignola, rompiscatole. Al momento di fare l'inventario, una volta all'anno, bisognava contare tutto per filo e per segno, non solo all'incirca! Non bastava mica scrivere, ad esempio, sette risme e mezza di carta per fotocopiatrice! No, la risma non completa andava contata, foglio per foglio!! Volendo essere onesto però, devo ammettere che da Kay imparai a lavorare in un ufficio in maniera metodica e precisa, una cosa che ancora oggi mi guadagna la stima e l'apprezzamento dei colleghi, benché ora si tratti di tedeschi, famosi nel mondo per ordine e precisione!

*

La quiete quasi idillica di quella piazzetta con giardino centrale, come tante altre delle *squares* londinesi delle zone migliori, venne però interrotta di botto, un bel mattino di sole, proprio mentre stavo a guardare un momento dalle grandi finestre (forse perché era assente Kay!) se la signora Ava Gardner non stesse anche quel giorno omettendo di raccogliere i bisognini del suo cane, un Corgy, mi pare, come ti ho già raccontato e come ricordato perfino in quella poesia, che forse è meglio che io ripeta anche qui, per meglio capirci.

INCERTEZZE BEN CERTE

In un giardino di Kensington,
la signora Ava Gardner non
si degnava di raccogliere
i bisognini del suo cagnetto
e dopo le bombe dell'IRA
(da Harrods e altrove),
dal cielo piovevano neri
uomini-ragno dei servizi
speciali, efficientissimi.
Eppure, avevamo ben altre
certezze, oggi del tutto
insperabili, inimmaginabili.

Scusa se mi ripeto, tuttavia, visto che si continua a vivere nell'incertezza, questa poesia ci sta anche qui. E poi essa mi aiuta a ricordare che cosa succedeva in quella bella ed altrimenti tranquilla piazzetta! Nonché in quella vicina. Un giorno ero proprio sceso dall'ufficio, situato al primo piano di una grande, elegante casa, per chiedere alla signora Gardner come mai non si degnasse di raccogliere gli escrementi del suo cane. Abituata sicuramente ad essere piuttosto avvicinata per un autografo, Ava rimase alquanto sconcertata dalla mia sfacciata "intrusione". Quando in seguito raccontai l'accaduto a Kay, lei trovò che fossi stato un bel maleducato! Ah, ero io il maleducato, buona questa!

Roxane, un cane le cui cacche,
benché seminate in diversi paesi,
furono sempre raccolte!

Il vero evento in quel posto fu però ben altro! Un gruppo di terroristi (irakeni?) aveva fatto irruzione nell'ambasciata iraniana di Londra, che aveva sede nell'edificio dietro il nostro. Insomma, il loro retro dava sul nostro retro. In mezzo, c'erano i giardini. Altoparlanti della polizia annunciavano di non uscire e di non andare in nessuna stanza che desse sul retro. Pericolo reale di beccarsi una pallottola!! L'emergenza non durò troppo a lungo, perché, come descrivo nella poesia, arrivarono in elicottero sopra il tetto dell'ambasciata gli uomini dei SAS, *Special Army Services:* i servizi speciali dell'esercito, che entrano in azione nelle missioni più pericolose. Sbirciando, non senza una certa apprensione, ma grazie allo specchio del bagno, potei vedere bene quei senzapaura calarsi, agili e veloci come scimmie, dal velivolo, e sparire dentro il palazzo. Dopo un minuto, forse, due esplosioni! Poi, solo fumo e silenzio. L'assedio era finito, morti solo i terroristi, incolumi gli ostaggi, come si seppe in seguito. Micidiali quei militari, che non a caso hanno per motto *"Who Dares Wins":* chi osa vince!

*

Una volta, successe anche che vi fu un assedio allo Spaghetti House, un ristorante italiano di Knightsbridge, nei pressi di Harrods, dove dei banditi si erano barricati dentro, tenendo come ostaggi i titolari e qualche dipendente, se non ricordo male, che erano riusciti a dare l'allarme. Era un ristorante dove andavamo spesso anche Giorgio e io, in tempi diversi, per cui potremmo esserci trovati noi stessi tra gli ostaggi. Anche in quel caso, tutto finì bene e senza vittime. In una grande metropoli come Londra, non è possibile annoiarsi, perché succede quasi ogni giorno qualcosa, di bello o di brutto, come anche qui a Berlino, benché su scala un poco ridotta.

*

A volte l'avrei uccisa! Come, chi? Ma Kay Long, ovvio!! Era esasperante e sappiamo bene che, quando le persone sono veramente esasperate, può succedere proprio di tutto. E allora chi è il vero colpevole? Secondo Aristotele, il provocatore è il vero aggressore! Non fu necessario ucciderla, per fortuna di entrambi, perché andò finalmente in pensione, sebbene solo dopo due lunghissimi anni. Mi era stata promessa la direzione di quella "succursale", una volta che Kay si fosse ritirata. Non avrei però avuto il posto di vice direttore del servizio, come era stata lei. Mi trovai comunque a gestire l'ufficio da solo e poi, per un brevissimo periodo, con l'aiuto provvisorio di uno studente, che si rivelò ben presto assai meno simpatico della prima impressione, non solo, ma cominciò a rifiutarsi di fare certe cose, perché non ne vedeva il motivo! Fu dunque più una rottura di scatole che un aiuto. I nostri "clienti" erano in forte calo, perché il college aveva nel frattempo deciso di aprire un proprio servizio alloggi per i suoi studenti. L'università decise dunque di chiudere l'ufficio, tuttavia io non mi dovevo preoccupare, perché non avrei perso il posto: avrei solo dovuto andare in sede. Insomma, ritornavo in centro, a Bloomsbury. Chiesi che fosse riconosciuta la mia gestione dell'ufficio, in mancanza di Kay, mia superiore. Dovetti insistere parecchio, ma ottenni un pagamento *una tantum* di qualche centinaio di sterline. Però fu quello l'inizio della guerra con il mio datore di lavoro. Ovvio che in seguito non feci ulteriori passi di carriera!

*

Era quasi Natale e la famiglia era già partita per la Francia, cioè per la magnifica ma anche tanto devastata Costa Azzurra, dalla nonna materna. Da quella mia prima suocera, insomma, che ci diede spesso del bel filo da torcere, ma anche una mano, quando ce ne fu bisogno, e che poi, come anche le successive, mi voleva molto bene. Devo dire che per me "suocera" non sarà mai sinonimo di classica rompiscatole, che interferisce in tutto e vuole rovinarti la vita con sua figlia. Pochi giorni prima di Natale dunque, la signora Howard, la mia direttrice di servizio, venne in ufficio a fare il punto della situazione. Le dissi che le cose erano in ordine e che volentieri avrei organizzato tutte le cartelle dei due armadi in scatoloni, in modo che fossero più agevolmente trasportabili in sede centrale. Lei mi rispose di non preoccuparmi: ci avrebbe pensato lei stessa, insieme a una collega. Io dovevo ora preoccuparmi esclusivamente della mia partenza, raggiungere la famiglia e passare un bel Natale, laggiù dove si andava perfino in spiaggia, in quei giorni, beato me! E così feci, ma al ritorno, alla mia prima presenza nel nuovo ufficio, fu subito guerra!

*

Allegri musicanti natalizi, davanti ai grandi magazzini

Qualcuno (Antonella?) mi ha suggerito di lasciar perdere le poesie, in questo mio seguitare con il racconto, ma sarebbe come dire rinunciare ad una parte troppo importante di *chi sono io!* Anche il buon Franco mi ha scritto di smetterla di trastullarmi con i versi, di fare sul serio, cioè in prosa! Come se invece la poesia non fosse una cosa seria, mio carissimo e vecchissimo Amico! Guarda che cosa può fare, in solo poche parole, pochissime, la poesia!

TRAVERSATA DI NOTTE

Dominique mangiava
formaggio di capra,
mi sorrise e ne diede
un poco anche a me.
Io in cambio le diedi
del tu. Del mare sentivo,
nel buio, solo la forza
invisibile, immensa.
Poi, sul treno tardivo,
le gambe incrociate
alle gambe, mani
con mani: terribile
notte di freddo,
quel dicembre.
E fu l'amore casto
di una sola notte.
E a Parigi, una
corsa in metrò,
su tappeti persiani!

Ecco raccontata, solo in una ventina di righe, una storiella che in prosa avrebbe occupato un intero capitolo; e dicendo perfino così anche molto di più, senza tuttavia farlo esplicitamente, bensì con semplici allusioni e sottintesi. Così come anche preferisce l'amico artista Matthias. E lui ne sa qualcosa!

*

"E a Parigi, una corsa in metrò ..."
(Questo però è il tube *londinese!)*

"Complimenti! E io che pensavo tu fossi persona seria ed affidabile!!" Qualora io stessi magari ancora sognando quel breve, magico idillio in alto mare, una strega malefica frantumava ora per me l'incanto in un solo istante! L'isterica Beatrice mi aggredì subito con quelle parole, appena arrivato in ufficio, senza avermi nemmeno salutato! Primo giorno. Chi ben comincia ... Mai una vera megera portò più ingiustamente un nome così bello! Io non capivo, ovvio, però lei mi spiegò subito. I trasportatori avevano portato via i due archivi dal mio vecchio ufficio, che io *non* avevo svuotati – come chiaramente istruito da Sua Dimenticchevole Incompetenza – pieni zeppi di cartelle, che nel pur breve trasporto erano ovviamente uscite dai contenitori e si erano mischiate in maniera disastrosa! Un paio di colleghe avevano impiegato diversi giorni a rimediare al danno! Da me fatto! Da me fatto??! No, no, un momento! Le ricordai come eravamo rimasti d'accordo, ma lei negò tutto. Mi sembrava di non riuscire a svegliarmi da un brutto sogno. "Va bene, pazienza, ormai è fatta e sistemata, però mi raccomando, per il futuro!" Questo era il suo abilissimo modo di evitare di ammettere la verità, anche lampante, come ebbi occasione di scoprire, spesso a mie spese, in seguito. Lavorai in quell'ufficio per diversi altri anni, ma la cara Beatrice cercò ripetutamente di mettermi i bastoni tra le ruote, sempre rompendo in maniera vergognosa quei parenti maschili delle castagne!

*

Uno dei miei vari compiti era quello di andare dai privati che ci offrivano camere e appartamenti per i nostri studenti, per poter conoscere le persone e vedere come fossero questi alloggi. Scrivevo poi un rapporto dettagliato sull'esito di queste visite. Un giorno, venni chiamato a rapporto dal capo di Beatrice (perché uno più in alto c'è sempre!), che sperava io avessi una spiegazione seria per una mia presunta assenza ingiustificata di ben tre giorni! Siccome io però avevo imparato (da Kay!) a documentare tutto, in ufficio, in triplice copia, trovai subito, nel mio ormai panciuto faldone, la terza copia carbone del memorandum in cui avvisavo che in tali date avrei ispezionato alloggi nelle mie zone assegnate, nei sobborghi del sud-ovest londinese. (Ognuno di noi quattro colleghi, aventi le stesse responsabilità, aveva assegnate

delle zone vicine a casa, per comodità.) L'originale
di quella nota lo aveva sicuramente ricevuto la
qui presente signora direttrice, dissi, visto che li
mettevo sempre di mia mano nella sua posta in
arrivo; mentre la seconda copia dovrebbe averla
ricevuta, attraverso la posta interna, il signor
Pembleton, che così mi interrogava. Mi sembrava
di essere ritornato alla biblioteca, accidenti,
davanti a quell'altra corte marziale! Quando però
ero ormai arrivato quasi alla fine di quel lungo
corridoio, dentro l'imponente struttura della
Senate House, sede amministrativa centrale
dell'università, udii Pembleton gridare qualcosa
come brutte figure, inammissibili! L'unica volta
che si alterò, negli anni, quel compassato signore,
che trovava invece me molto, troppo mediterraneo
e sanguigno. Io?! Comunque la cara Beatrice
pensò poi bene di girarmi molto alla larga e per
parecchio tempo.

Anche stavolta insomma, scampai la fucilazione,
però svanirono anche le eventuali prospettive di
un avanzamento di carriera. Mi candidai infatti
più volte, per vari incarichi interessanti, in altri
dipartimenti, ma non fui mai chiamato, nemmeno
per un solo colloquio. Anche perché in seguito ci
fu un vero braccio di ferro con l'università, che
pretendeva che io trasmettessi il mio "sapere
informatico" alle colleghe, cosa che io rifiutai
categoricamente, vista l'assenza di disponibilità a
riconoscermi una promozione o una maggiore
retribuzione o almeno un pagamento *una tantum,*
come avevo già ottenuto una volta. Esisteva allora
un documento molto esplicito, un allegato al

contratto, che si chiamava *Job Description*, cioè una descrizione dettagliata delle mansioni. Un datore di lavoro, specialmente uno pubblico, non poteva pretendere da un dipendente che questi svolgesse delle mansioni non contemplate in quell'elenco. Altri tempi! Dunque, la formazione dei colleghi non mi competeva. Per mettere fine alle assurde pressioni, dovetti coinvolgere perfino il sindacato, che a quei tempi ancora contava qualcosa. La sindacalista Marion era una grande donna, assai tosta, molto in gamba. Quando i miei "giudici" mi videro arrivare con lei, capirono subito che non l'avrebbero mai spuntata. Mi lasciarono dunque in pace, ma mi avrebbero anche lasciato marcire in quell'ufficio per sempre.

*

A me però andava troppo bene restarci, anche perché, come dipendente dell'università, potei laurearmi quasi a costo zero! In otto anni di frequenza, non pagai infatti che una piccola tassa annua d'immatricolazione. Avevo intanto anche acquisito, tutto da solo, una buona competenza informatica, partendo da zero e studiando il manuale del DOS nella pausa pranzo. Quanto bastava per aver potuto creare un rudimentale ma funzionale database, che permetteva ai nostri studenti che venivano in ufficio di portarsi via una lista stampata delle offerte di alloggi nelle zone postali prescelte, mentre prima avevano dovuto scorrere dozzine o centinaia di cartoline affisse alle varie bacheche. Di tutto questo, Beatrice provò anche a farsene vanto, durante un'ispezione dei Grandi Capi, ma io m'intromisi e spiegai che ero stato io, da solo e senza alcun

aiuto né formazione di sorta, a creare quella
cosina. Partì da lì la loro richiesta di formare le
mie colleghe! Con un paio, lo feci, ma non credo
fosse la formazione che avevano inteso loro ...

*Il terminal ICL DRS20. Il nuovo "mostro" spaventava
semplicemente a morte quasi tutte le mie colleghe!*

Nel periodo peggiore, ero arrivato perfino a
sabotare il sistema, che non partiva mai in mia
assenza. Bastava svitare appena, in un solo
punto, l'attacco del cavo coassiale. La scema
sospettava qualcosa, ma si guardava bene dal
formulare nuove accuse, sapendo ormai con chi
aveva a che fare. Poi, finalmente e contrariamente
alle peggiori previsioni della mia ansiosa consorte
Marie-Solange, l'università si liberò di Beatrice,

anziché di me. La sostituì una ragazza dolce e simpatica, che però un giorno finì per chiedermi quando le avrei insegnato a fare ciò che solo io sapevo fare. "Allora non ti hanno detto nulla! Tu sei una persona deliziosa e io farei qualsiasi cosa per te. Ma non questo!" *"But I won't do* that!" Meat Loaf docet. Le dovetti spiegare tutta la triste storia. Si dimostrò molto comprensiva la dolce Melanie, ragazza anche molto sveglia. Grazie al mio rifiuto, ci venne in seguito mandato dal servizio informatico interno il giovane Robert, che mi diede, ma da vicino e sottovoce, del bastardo, per avere impostato un giorno una password contenente il primo tasto in alto a sinistra, su quella tastiera ICL, ma ancora oggi presente su certe tastiere: una barra verticale (I) che le colleghe presero per una 'L' minuscola oppure una 'I' maiuscola, ma nulla da fare. Non c'era verso di entrare! Tuttavia, come nelle più belle favole, quei due si piacquero, Melanie e Robert. Come mi raccontò anni dopo una collega, quando andai a trovarla nel suo nuovo ufficio, loro due si erano innamorati. Si sposarono, perfino. E tutto per merito mio! O no? Di come continuasse o eventualmente finisse poi la dannunziana "favola bella che ieri t'illuse, che oggi m'illude", non posso assumermi la minima responsabilità.

*

I meravigliosi sapori del mondo! A parte il poter frequentare gratis l'università, era bello essermi di nuovo avvicinato all'amico Giorgio, anche per poter andare ancora con lui ad assaporare gli innumerevoli piatti esotici dell'Africa, dell'Est Europa o dell'Estremo Oriente, nelle varie mense di cui già ti raccontavo. Un brutto giorno però, ci fu di che non avere voglia di mangiare neanche un boccone. Arrivando in ufficio, trovai le colleghe (eravamo in otto, il solo uomo io!) molto agitate. Che cosa era successo? Ma come, non avevo visto i giornali? Non guardavo la tivù? Mai perso tempo con i primi e nemmeno mai avuto troppa fiducia nell'affidabilità della seconda, una sana diffidenza che ancora oggi contribuisce notevolmente alla mia corretta informazione, nonché a preservare la mia ottima salute mentale!

*In pausa pranzo, a volte volavo in bici al concerto
di St Martin-in-the-Fields, Trafalgar Square,
di fianco alla National Gallery*

Resti umani fatti a pezzettini e buttati giù per il cesso??! Ma che cosa mi raccontate? Purtroppo, però, era quella la tragica verità. Un tizio aveva avuto per anni la pessima abitudine di invitare a casa dei ragazzi giovani, uno alla volta, che poi uccideva e tagliava a tocchetti, sì, a pezzettoni, come i pelati in barattolo, quelli pre-tagliati, hai presente? Un giorno il suo vicino di casa, una di quelle belle *terrace houses*, le case a schiera che sembrano ancora più belle, se viste da un aereo, avendo problemi con gli scarichi, aveva chiamato una di quelle ditte specializzate nello sblocco degli intasamenti. Arrivarono dunque i *detectives* della cacca (qui penso di nuovo a Giorgio, perciò modero il linguaggio!), armati di minicamere, che come i ratti si infilano giù per i tubi e raccontano storie molto interessanti, oppure, come in questo caso, davvero raccapriccianti! Avendo visto delle cose strane, gli operatori chiamarono la polizia. La scientifica non ci mise molto a scoprire che si trattava di resti umani!

Dal processo emerse poi che il *serial killer* ne aveva uccisi diversi di quei poveracci, durante un periodo di alcuni anni. Il peggio, quasi, della brutta storiaccia, dovevo ancora scoprirlo, quel mattino, ma le colleghe mi ragguagliarono subito: quel pazzo ospitava da anni i nostri studenti!! Ispirando sempre alle colleghe un rapporto che elogiava come fosse tenuta la bella casa, pulita, bene arredata, calda e confortevole. Anche diversi studenti avevano corroborato con i loro commenti molto entusiasti questi nostri rapporti. Come tutti i pazzi furiosi, anche questo killer, descritto come simpatico, affabile, ospitale, alla mano, era stato molto oculato nella scelta delle sue vittime. Si era guardato bene dal prendersela con i nostri studenti, che erano anche schedati da noi, per cui a qualcuno sarebbero mancati, prima o poi.

Lui le sue vittime le cercava per le strade, tra gli sbandati, i senzatetto, i poveri cristi senza più nulla da perdere. "Peccato, perché i nostri studenti ci stavano così bene lì!" "Ma Guido, non hai altro da dire??!" Certo che sì, ma stavo solo cercando di sdrammatizzare e infatti qualcuno, magari suo malgrado, rise. Era quel riso che ci scappa a volte in presenza di qualcuno che cade in maniera goffa o ridicola, no? Non conta come una risata, perché è solo una reazione nervosa, che esce del tutto spontanea, mi pare. Non la si può considerare come una cattiveria, dunque, anche perché bisogna sempre vedere che cosa sta *dietro* le azioni delle persone. Quale era, semmai, l'intenzione? Chi ti fa del male sbagliando, per negligenza, distrazione, ignoranza, leggerezza, ma senza malizia alcuna, senza cattiveria vera, senza malafede, quello o quella non li puoi giudicare alla stregua di chi del male te ne fa proprio volendo fartelo.

*

Anni più tardi, dunque sicuramente dopo il 1989, perché avevo già la mia cara cagnotta Roxane, grande amica per quasi 17 anni, ricordata anche nella mia unica silloge di poesia inglese, *"All Is Well In The Snows",* accadde un altro orribile e macabro fattaccio. Uscivo una mattina appunto con Roxane, per la prima passeggiata lungo il Tamigi, che scorreva proprio sotto casa nostra, perché ormai lavoravo da casa come traduttore *freelance,* quando vidi una piccola folla, nel giardinetto in riva al fiume. Che cosa succedeva? Di là della strada, dove in altra occasione avevo incontrato l'ex presidente-cowboy Reagan, c'erano numerosi poliziotti in uniforme. Sembra che abbiano ammazzato qualcuno ad Archer House, disse un tizio, chissà come informato. C'era stata un'"ammazzatina", come Camilleri avrebbe fatto dire a Montalbano! Purtroppo era andata davvero così. E il malcapitato questa volta lo conoscevo, perché lo incontravo spesso, con i suoi due cani, un bellissimo Labrador nero e un grande pastore alsaziano, come li chiamiamo in inglese. Tedesco, per meglio capirci.

*Roxane a spasso sotto casa, sempre in cima
ai muretti, alti anche due metri! In quel
"matitone", c'era la penthouse dell'attore
Michael Caine, visto qualche volta al pub*

Era un uomo molto distinto, elegante, simpatico quel Peter, di cui ho fatto fatica oggi a ricordarmi il nome. Regista teatrale di una certa fama, era anche omosessuale. Ciò che, ahimè!, determinò la sua fine! Si seppe poi che era stato trovato morto nel suo letto, ma tutto legato come un salame nostrano o una soppressa. L'allarme lo avevano dato i vicini, sentendo, cosa molto insolita, i cani abbaiare a lungo e furiosamente. Purtroppo per Peter, lui li aveva rinchiusi in un'altra stanza i suo adorati cani! Esponendosi così a una morte terribile e così poco dignitosa. Uccise ancora e più volte questo nuovo *serial killer,* finché una vittima non riuscì a liberarsi. Si venne poi a sapere che, omosessuale lui stesso, ce l'aveva però a morte con gli omosessuali ed era infatti solo con loro che se la prendeva. Povero Peter, una così bella persona, con cui era sempre molto piacevole ed interessante chiacchierare. Di cani, di altre cose, ma a volte anche di teatro. Si era stupito che un italiano conoscesse, va bene Shakespeare, anche se piuttosto seriamente, ma perfino un certo John Millington Synge (chi? dirai tu!) e quel suo *'The Playboy Of The Western World'?* E che fossi perfino in grado di citargli a memoria dei dialoghi, come il famoso discorso di Michael: *"What's a single man, I ask you, eating a bit in one house and drinking a sip in another, and he with no place of his own, like an old braying jackass, strayed upon the rocks?"* "Che cos'è un uomo solo, ti chiedo, che mangia un boccone in una casa e si beve un sorso in un'altra e lui senza un posto suo, come un vecchio asino ragliante, che vaga sulle rocce?"

Questa frase mi viene spesso in mente ancora oggi, a distanza di oltre quarant'anni! Quando cioè contemplo la possibilità di finire i miei giorni in compagnia solo di me stesso. Compagnia che non disdegno certo e che, anzi, ricerco spesso, tuttavia …

*　　*　　*

6.

DALL'AMERICA, CON AMORE

Quale onore lavorare per l'Università di Londra! Lo stipendio però era molto meno onorevole, anzi, non bastava proprio a mantenere una famiglia con quattro bocche, e tutte e quattro sempre piuttosto fameliche. Lavorando solo io. Così negli anni dovetti sempre trovare un qualche modo per arrotondare. Già quando ancora Marco e Pierre erano piccolini, ci dovemmo rendere conto che l'appartamento in riva al Tamigi era molto bello, sì, ma troppo piccolo, per noi quattro. Ci sarebbe dispiaciuto andarcene, perché ci piaceva la zona, Battersea, che negli anni era molto migliorata. Gli agenti immobiliari la ribattezzarono infatti *South Chelsea* e sicuramente avevamo noi, dalla riva sud, gli scorci più belli, verso nord. Di là del fiume e quasi di fronte a noi, c'era stata ai tempi di Enrico VIII la dimora del suo grande amico e poi antagonista, Tommaso Moro, che ci rimise la testa, per non aver voluto concedere al suo re e sovrano il divorzio. Era alto tradimento, dunque. Pena di morte obbligatoria, inevitabile, anche se forse inflitta a malincuore. Fu così che nacque allora una chiesa alternativa a quella cattolica.

Fortunati però, non fu necessario andare via di lì. Una famiglia di vicini, quattro adulti, lasciava un appartamento molto più grande, su due piani, secondo e terzo, nello stesso contesto, solo la porta accanto. Tre camere da letto. Nella più piccola, proprio minuscola, ci stavano appena un letto, un tavolinetto con sedia e un piccolissimo armadio. Ma fu comunque molto apprezzata da diverse persone che la occuparono, per alcuni anni, ma sempre per brevi periodi. Tutti studenti, anzi quasi tutte studentesse, con un paio di eccezioni, tra cui Fausto, un medico romano, simpatico, educato e gentile. Che sperava di superare un esame alla *School of Hygiene and Tropical Medicine*, per poi andare a fare il medico in paesi ricchi, dove avrebbe guadagnato un sacco di soldoni! Un giorno la portinaia, Pamela, Pam, che diventò anche un'amica di tutta la famiglia, ma si comportò in modo molto strano dopo che io me ne andai, nel '95, venne a dirci che dalla finestra Fausto buttava le cicche in giardino. Glielo dissi e smise subito, ma cosa aveva in mente? Era molto teso, sicuramente, perché temeva di non farcela. Il suo inglese era molto limitato, infatti. Io lo aiutai e scoprii così l'esistenza di diverse terribili malattie tropicali, cose davvero spaventose, di cui lui mi faceva anche spesso vedere l'orribile documentazione fotografica, quasi inguardabile! Nonostante il suo grande impegno e i miei notevoli sforzi, non superò l'esame, ma ritornò a Roma sconfitto e deluso. Chissà che fine avrà fatto poi?

Abitare in riva al Tamigi? Come in un bel sogno ...

Nel '78 arrivò, come forse già ti dicevo, Antonella, dalla Brianza, che si laureò l'anno dopo e a Londra ritornò poi in viaggio di nozze, con Mario. Poi ci fu Christine, che era una signorina tedesca davvero squisita, che Marco e Pierre adoravano. Non mancarono nemmeno gli episodi poco fortunati, tuttavia, tra i quali una seconda ragazza tedesca che, nonostante avessimo detto molto chiaramente che non le era permesso portare in casa uomini di notte, visto che ci viveva la mia famiglia, non sembrava comunque aver capito. Una notte, uscendo dal bagno, mi trovai davanti uno sconosciuto! Che poi se ne andò quasi subito alla chetichella, ma io cambiai la serratura e avvertii la polizia dell'accaduto, sottolineando che ero soprattutto preoccupato per la sicurezza della mia famiglia. Quando la tipa ritornò, nel pomeriggio, non riusciva ad aprire la porta d'ingresso, ovviamente. Avendola vista arrivare, avevo messo le sue due valigie, ancora chiuse, fuori sul pianerottolo. Uscii e lei mi minacciò, quasi urlando, che non potevo fare una cosa simile e che mi avrebbe denunciato, anche all'università. Le risposi che la polizia stava già arrivando e che faceva meglio ad andarsene prima e anche senza fare troppe storie. Quanto all'università, sapevano bene chi fossi, là dentro. Arrivarono subito due poliziotti, che la invitarono ad andarsene tranquillamente. In un attimo di distrazione, mentre agitava le mie chiavi in aria, gliele presi al volo. Così potei rimettere la vecchia serratura. E non ci fu nessuna denuncia, né segnalazione in ufficio, dove non si presentò più. Ma forse ho dimenticato di dirti dove li trovavo tutti questi studenti?

In ufficio, ovviamente, visto che li ricevevo io. Se avevamo la camera libera in quel momento e vedevo una persona che a pelle mi sembrava potesse andare bene, facevo la mia proposta, spiegando che la cameretta era piccina, ma che sarebbero potuti stare con noi in soggiorno-sala da pranzo e usare liberamente la cucina e i due bagni. Che avevamo i due marmocchi. Cosa che le signorine erano più propense ad accettare. Riuscii a scegliere quasi sempre persone giuste, salvo un paio di volte di cui una quella della bionda arrogante tedesca. Ti ho già raccontato l'altra volta della stupenda e deliziosa Chantal, che non ritornava più a casa da Harrods, dove c'era stata un'ennesima bomba dell'IRA, ricordi?

Marco e Pierre, felici con Antonella

Theodora la greca fu il secondo disastro, anche peggiore! Come si capì ben presto, a trent'anni suonati, la povera ragazza, che era a Londra per fare un Ph.D., un dottorato insomma, assaporava per la prima volta in vita sua la libertà! Sua madre diventò stressante, finché non la trattai quasi male, al telefono. Chiamava tutte le sere e pretendeva che io potessi dirle dove era Theodora e come mai non era ancora a casa, alle 7-8 di sera. Finii per dirle che io non ero la balia di sua figlia, che le avevo solo fornito la camera e cosa faceva quando non era in casa non mi riguardava e ancora meno m'interessava! Le telefonate dalla Grecia cessarono, ma iniziarono ad arrivarne di altre, locali, da una voce di uomo.

Anche a Theodora era stata spiegata bene la quasi unica regola: niente uomini in casa di notte! Certo, benissimo, lei capiva, anche con i bambini piccoli e poi lei un uomo non ce l'aveva nemmeno. Invece si vede che l'uomo se lo trovò e buon per lei, era anche ora, e faceva parte della sua emancipazione da una madre sicuramente soffocante. Una brutta notte però fummo svegliati all'improvviso da rumori strani come di qualcuno che stesse male, nel bagno di sopra. Uscii dalla mia camera giusto in tempo per vedermi passare davanti un tizio, che veniva dal bagno, dove aveva lasciato la luce accesa e vomitato anche per terra!

Andai giù in cucina, a prendere secchio e straccio e candeggina. Bussai alla porta di Theodora, che avrebbe preferito scomparire in un istante, credo. Visibilmente molto imbarazzata, continuava a balbettare *Sorry sorry.* "*Sorry* un corno", gridai. "Ora pulite il bagno, tu o lui." Ma lui non era in grado, sbronzo marcio, che a malapena si reggeva in piedi! Lo fece subito lei. "Lui se ne va, ma subitissimo", aggiunsi, "altrimenti chiamo la polizia, e tu hai fino a domani mattina!" Protestò, ma non troppo, con tono lamentoso e patetico, ma non le diedi retta. La mattina partì senza dire nemmeno una sola una parola. Deve essersi vergognata abbastanza da non osare nemmeno ritornare da me in ufficio, per cercare una casa altrove.

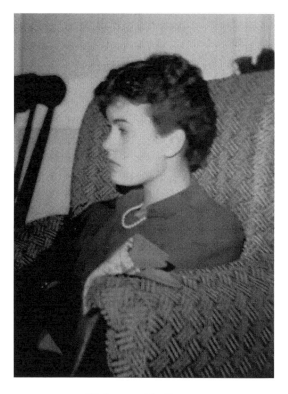

Unforgettable Betsy!
Davvero indimenticabile ...

119

Boston, Massachusetts, USA, o, per essere più precisi: Ingham. Appena la vidi, capii subito che Elizabeth – Betsy per gli amici – era una di quelle persone "giuste" per noi. E non fui deluso, anzi, fu proprio lei una delle più giuste. Una ragazza deliziosa, intelligente, dolce, educata, simpatica, rispettosa, serena, con un bellissimo senso dello humour: sottile, elegante. Quando stava con noi in soggiorno, a fare la calza o una sciarpa forse, emanava solo tanta pace e serenità, che calmava perfino i nostri diavoletti, che si innamorarono subito di lei. E non solo loro. Per Natale, andò lei a comperare tutto il necessario per fare i biscotti con Marco e Pierre, che si divertirono tantissimo. Ci aveva prima chiesto se poteva, ovviamente, lei essendo lei! Frequentava un corso di russo alla SSEES, la Scuola di Studi Slavi ed Est-Europei. Così la buona notte ce la davamo in russo, io e lei. *"Spakoigni nòci!"* Come ricordo in una delle poesie che le dedicai e che lei fu molto felice di sapere che sono oggi fisse in una mini-silloge del mio blog: *poetamatusel.org*

Il passaporto, la carta di credito, soldi per fortuna pochi! Alla fermata dell'autobus, mentre andava a scuola una mattina, un ragazzo, spuntato di corsa chissà da dove, le aveva strappato con facilità la borsa ed era subito sparito!! "Colpa mia", diceva Betsy, "perché ero distratta, stavo leggendo. Io vivo in America, là non mi sarebbe successo così facilmente, ma qui mi sento più tranquilla. Colpa mia!" Così era la nostra cara Betsy. Io invece ero furibondo che una mia graditissima ospite fosse stata derubata, ma lei non fu nemmeno l'ultima. Mentre stava da noi, vennero prima i genitori a trovarla, poi il fratello.

Ci mancava solo la sorella, per aver conosciuto tutta la famiglia. Rientrata in America, dove la attendeva il fidanzato Richard, ci invitò al loro matrimonio. Aveva ventitre anni. Richard un paio in più. Era cardiopatico il suo Richard, tuttavia i medici gli avevano appena detto che sicuramente sarebbe morto di vecchiaia. Ringraziammo, ma non ce la facevamo ad andare fino in America, in quattro! Le spedimmo un regalino. Non rispose Betsy e trascorsero alcuni mesi. Non era da lei, pensavo. Infatti, un giorno arrivò una lettera che riconobbi subito non essere nella sua grafia. Era la madre, che Betsy aveva incaricata di scriverci per scusarsi, ma Richard era morto, giusto una settimana prima del matrimonio! Pur non avendo conosciuto Richard, la terribile notizia ci lasciò sconvolti, per la povera Betsy. Che però andò avanti con la sua vita, come bisogna fare, e finì per conoscere Tom con il quale è ancora oggi felicemente sposata e hanno tre splendidi figli, un maschio e due femmine. Vivono in quella parte felice d'America che è lo stato di Washington, hai presente? Estremo nord-ovest.

Perfino il temperamatite BOSTON KS
dell'ufficio mi ricordava Betsy!

I tanto decantati Stati Uniti d'America, per molti versi, mi stanno abbastanza sul gozzo, per non essere volgare, perché troppe delle cose peggiori che hanno inquinato la nostra cultura negli ultimi decenni ci arrivano proprio quasi tutte da lì: dalle più innocue e banali, come Halloween, fino alle terribili, malsane abitudini alimentari. Ma soprattutto per le guerre che continuano ad esportare in tutto il mondo, con il pretesto di difendere democrazia e libertà, che ipocriti!! Quella volta però, dall'America, Betsy ci portò solo Amore! Dovrei proprio dire: dall'America, con Amore! Tanto amore! *"Unforgettable, that's what you are!"* Come cantava Nat King Cole. Sì, mia cara Betsy, sei davvero *indimenticabile* e infatti nessuno di noi ti potrà mai dimenticare; né io, né Sossó, né i nostri gemelli Marco e Pierre. Mai più rivista, siamo tuttavia ancora oggi in contatto, a circa una quarantina d'anni di distanza! Oh, quanto mi piacerebbe rivederla e conoscere la sua bella famiglia, il marito, i tre figli …

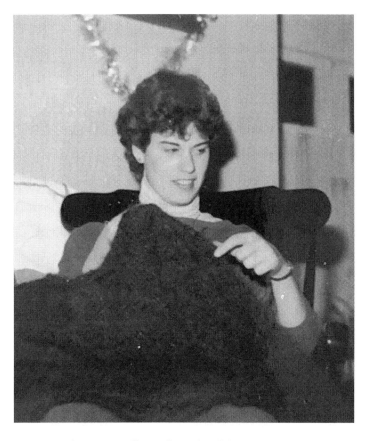

Seduta su quella sedia a dondolo o in poltrona,
mentre lavorava a maglia, Betsy ispirava
a noi tutti una grande serenità.
Perfino i gemelli erano più
tranquilli, con lei!

7.

PAVAROTTI E I POVERI CAVALLI

Diana e Charles sembravano ancora una coppia innamorata e felice, nel 1991. Non li vidi, quella sera, perché troppo indietro, in mezzo a quella enorme folla di circa centomila persone. Era un mercoledì quel 31 di luglio ed era quasi sera e piovigginava, a Londra. Anche dentro Hyde Park. Il nostro caro e grande Maestro Luciano Pavarotti festeggiava il suo trentennio d'opera con un concerto gratuito, per le masse disposte a stare in piedi. Davanti, i pochi eletti avevano pagato caro per quello stesso privilegio. La pioggia sembrava dapprima esitare un poco, ma quando poi scoppiò l'ouverture della 'Luisa Miller' di Verdi, si aprirono i cieli e ci piombò addosso un vero e proprio diluvio! Tuttavia, nessuno di noi scappò a gambe levate, come sarebbe stato naturale, anzi, quasi tutti gli ombrelli sparirono, ad un certo punto, e quella massa di gente rimase come incantata ad ascoltare 'Nessun dorma' ed altre arie, tra le più famose e popolari. A qualche temerario che osò riaprire l'ombrello, furono lanciate lattine di quella famosa bevanda arcinota in tutto il mondo e bottiglie di plastica dell'acqua! Dopo quel concerto, vi fu un vero boom di vendite di dischi di musica d'opera. Era, tra tutte, piaciuta soprattutto quell'aria dalla Turandot. Si potrebbe davvero dire che Pavarotti abbia allora contribuito parecchio ad avvicinare all'opera molti precedenti miscredenti. E ben venga, alla faccia dei puristi, che arricciavano il naso, anche quando, anni dopo, la musica di 'Jupiter', dalla suite 'I Pianeti' di Holst, venne adottata come sigla per i campionati di rugby. Eppure, anche allora ci fu un incredibile boom di vendite di dischi di musica classica e in tantissimi inglesi scoprirono per la prima volta chi fosse il loro

Gustav Holst! Perché la musica dovrebbe essere di tutti e per tutti! Tutta la musica, senza la quale non riuscirei nemmeno ad immaginare possibile una qualunque Vita!

Pavarotti a Hyde Park: grandissime emozioni!

Il concerto di Pavarotti fu davvero un evento indimenticabile, sebbene avesse avuto un costo. Non so come non mi ammalai, perché fradicio ed intirizzito, ritornai poi a casa in bicicletta. Non dai tempi di Mick Jagger con i Rolling Stones, nel '69 – mentre io ancora sgobbavo al Grand Hotel Axelmannstein di Bad Reichenhall, Alta Baviera – si era vista una cosa simile a Hyde Park. Allora, erano state stimate 70.000 persone, molte delle quali strafatte di varie sostanze stupefacenti, come andava di moda a quei tempi. Un pubblico assai diverso il nostro di quel mercoledì sera.

Nessuna delle arie poteva lasciarti indifferente, erano una più bella dell'altra. Io però devo dire che mi commossi soprattutto quando il Maestro, agitando il suo solito fazzolettone bianco, intonò "Mamma son tanto felice, perché ritorno da te ..." Infatti, benché lei mi abbia lasciato quando avevo solo quattro anni, il ricordo di mia madre Corinna ha ancora oggi il potere di strapparmi qualche lacrima. Perlopiù m'ispira e m'incoraggia invece a tenere duro! Io però ti sto già parlando del 1991 e tu penserai che sia pazzo, perché eravamo ancora negli anni Settanta-Ottanta, cioè poco fa, o no? No, non sono pazzo, comunque, però si sa che i vecchi tendono spesso a divagare e un pochino vecchiotto io, volente o nolente, lo sono ormai anche diventato. A tal proposito, chissà se mi sarà consentito di festeggiare il mio settantesimo in patria, con questi dannati politicanti cialtroni, venduti a certi poteri più o meno occulti, che sembrano ormai diventati i nostri carcerieri?! E noi? Forse tutti ergastolani? O prigionieri in un dannato, sterminato campo di concentramento globale??

*

Ritorniamo dunque un poco indietro! Tra la fine degli anni '70 e i primi anni '80, io studiavo, come già sai, lingue moderne all'università di Londra, che era anche il mio datore di lavoro, come ti ho raccontato. Da privatista, avevo già ottenuto un diploma, equipollente laurea, in inglese. Una sera che lavoravo nella biblioteca del British Museum, capitò là come lettrice una ragazza giovane, molto in gamba, che avevo avuta, non tanto tempo prima, come insegnante d'inglese, per un periodo troppo breve. Doveva proprio capitare là dentro quella sera, per indirizzarmi al Birkbeck College. Avevo nel frattempo rinunciato all'idea di studiare a tempo pieno, avendo ormai una famiglia da mantenere. Non era davvero più fattibile. Punto. Avrei voluto studiare linguistica, perché da anni ormai mi affascinava, oltre alle lingue stesse, proprio il "fenomeno lingua", come una scienza da studiare. Mi avevano, tra l'altro, parecchio ispirato anche gli scritti di Noam Chomsky, la cui parabola della "rana bollita" si sta rivelando, in questi tempi, tristemente attualissima! Se non la conosci, cercala sul Web, perché è una cosa molto interessante, troppo importante, per non saperla.

Così, oltre a King's College e Bedford College, mi ero candidato anche a University College, centro di studi linguistici riconosciuto nel mondo. Non pensavo di poter essere accettato, perché c'erano dei requisiti particolari e piuttosto rigidi. Invece, quando ritornai per il secondo colloquio, rimasi molto sorpreso! "Complimenti, Guido!", disse la professoressa Crick. "Devi essere stato molto bravo in matematica, quand'eri a scuola!" Bravo in matematica, io? Avevo avuto problemi sempre: già dalle elementari e fino al ginnasio! La prof mi disse però che era un peccato, ma che dovevo aver avuto dei pessimi insegnanti, perché quella prova di linguistica era in realtà logica pura e io l'avevo superata senza un solo errore! Furono perfino pronti a tenermi libero il posto per l'anno successivo, quando io dissi che speravo ancora di farcela. Andai poi a salutare la prof con un bel mazzo di fiori, scusandomi anche per dover rinunciare definitivamente allo studio della linguistica. In seguito, conobbi un professore universitario che mi disse che avevo sicuramente la stoffa del docente, vista anche la mia passione per la letteratura. Avrei avuto ottime opportunità di carriera in qualche università nordamericana o canadese o magari australiana. No, la nave per l'Australia l'avevo già persa a suo tempo, come ricorderai, però l'America, magari. O, meglio, il Canada! Il professore mi disse che le migliori chance le avrei avute come madrelingua, perciò, se fosse stata quella la mia intenzione, avrei dovuto laurearmi anche in italiano. Fu così che mi rimisi a studiare e finii al Birkbeck College, dove si frequentava la sera, tre volte a settimana, per tre ore.

Non fu certo facile, nemmeno semplicemente l'essere sempre presente a tutte le lezioni, anche perché, oltre alla mia giornata in ufficio, facevo anche altro: insegnavo l'italiano la sera, come ti dicevo, nelle sere non universitarie, oppure facevo la guardia a qualche struttura vuota, durante i finesettimana. Grazie poi al marito di Anna, compagna di ginnasio ritrovata sotto la cupola del Panizzi, ottenni un lavoretto perfetto di sabato e domenica. *Timekeeper!* All'ingresso del personale, cioè, oltre al controllo di chi entrava ed usciva, dovevo anche badare che lo staff timbrasse e stimbrasse regolarmente. Si viaggiava ancora con orologi meccanici e cartellini di cartoncino, ovviamente. L'hotel Hyde Park era, ed è tuttora, proprio di fronte al mio fatidico Park Tower, l'altro hotel dove era destino che dovessi conoscere mia moglie Marie-Solange, detta *Sossó*.

*

Era un lavoretto perfetto, con assai poco da fare, di sabato e domenica mattina. Avevo un sacco di tempo per studiare, dunque; fu infatti in quello sgabuzzino angusto che potei leggermi la maggior parte dei testi prescritti, tra cui la 'Divina Commedia', però purtroppo il 'Purgatorio', perché c'era un sistema di rotazione e io avevo giusto perso il treno per l'Inferno, di gran lunga più interessante e spassoso! Mi toccava così per forza sorbirmi il "noioso" Purgatorio. Là dentro però non studiavo soltanto, c'era anche qualcuno che a volte si fermava a fare quattro chiacchiere, sempre molto gradite.

Flavia, ad esempio, era una bella ragazza italiana, che spesso si prendeva il tempo per farmi un po' di compagnia. Molto carina, mi faceva un poco il filo, cosa di cui ero, ovviamente, molto lusingato. Noi maschietti ci facciamo, ahinoi!, così tanto volentieri infinocchiare dalle donne. Sì, perché in realtà la bella Flavia aveva un suo scopo segreto ben preciso, nel suo *fare finta* di corteggiarmi. Però forse sopravvalutò le sue doti di seduzione; o forse sottovalutò la mia serietà professionale. Qualsiasi lavoro o lavoretto o lavoraccio io abbia mai fatto, l'ho preso sempre molto seriamente, cercando al meglio di fare effettivamente ciò per cui ero pagato. Così mi avevano insegnato la Genia e Guido, i miei genitori adottivi, gente onesta e seria. Sfortunatamente per Flavia, che in questa mia poesia – da lei ispirata e a lei dedicata – chiamai 'La Gazza Ladra'! Sì, proprio come l'opera di Gioacchino Rossini!

*

Hyde Park Hotel, 5 stelle! Esiste ancora oggi.
Già proprietà del sig. Forte, un italiano,
appartiene ora alla Mandarin Oriental

SOTTO IL MIO NASO!

Flavia, la gazza,
portava grandi
occhiali.

Diceva:
il gorgonzola
tiene lontane
le infezioni della
bocca e della gola.

Io m'incantavo,
mentre lei ciarlava;
le facevo da infermiere,
quando mi capitava
con diafane manine
tutte sangue!

Dai jeans bucati,
mi ammiccava
la bella pelle bianca
e Flavia questo,
ovvio, lo sapeva.

E intanto
mi raccontava
di denti guasti,
di carenza di calcio
nelle ossa.

E, mentre l'ascoltavo,
lei rubava, Flavia,
la Gazza Ladra!
Ma poi l'hanno beccata
e non l'ho vista più.

'Pica pica'. Dal nome assegnatole da Linnaeus,
il padre svedese della moderna tassonomia,
potrebbe perfino suonare simpatica
questa solerte spazzina, che però
è anche una spietata assassina!

Non mi sono mai chiesto, né ho mai cercato di capire il perché proprio negli ambienti alberghieri sia così diffuso il brutto vizietto di rubacchiare. Ti ricorderai di sicuro del duo del Gatto e la Volpe di quell'altro hotel. Non per nulla, era anche mia responsabilità controllare, a campione, le borse del personale in uscita, cosa che io perciò facevo, anche se non spessissimo. Mi capitò dunque un giorno di fermare uno dei manager di reparto – mi pare il *Food and Beverage Manager* – chiedendogli che volesse aprirmi, per cortesia, quel borsone sportivo che portava a tracolla. Mi chiese se non sapessi che fosse lui. Certo che lo sapevo, ma lui non era esonerato, come tutti. Aprì sbottando la borsa, che conteneva solo pochi indumenti. Non rovistavo mai dentro le borse. Quando raccontai dell'episodio al mio capo, mi fece i complimenti. I complimenti li fecero sicuramente anche a Flavia, la 'Gazza Ladra', quando fu beccata – ecco un verbo perfetto! – a fare man bassa di posateria d'argento, credo. Che stupida però, perché sapeva bene che esistevano certi controlli. Per fortuna, non ebbi io lo spiacevole compito di scoprirla, perché la pigliarono prima dell'uscita, quasi in flagranza di delitto! La ricordo bene: simpatica, ciarliera, molto graziosa; arrivava con un paio di jeans bucati, che mi faceva notare e io, entrando con un dito sfacciato in uno di quei buchi, ridevo e le chiedevo se così non avesse freddo alle gambe! Di freddo però Flavia aveva sicuramente il sangue, un requisito essenziale per ogni ladro che si rispetti!

*

Negli hotel però mica tutti sono dei ladri, ci mancherebbe, sebbene io ne abbia davvero incontrati parecchi. Ma forse non è solo negli hotel che è diffuso questo vizio, forse è proprio tutto il mondo che è pieno di ladri? C'era anche un'altra graziosa italiana, anzi proprio bella, veronese e accidenti a me che non ricordavo più il suo nome! Se lo ricorda, invece, Anna Maria: Anna Fattori! Bellissima, con gli occhi verdi!! Lei non rubava, ma se ne andò senza dire nulla, dopo solo pochi mesi. Mi salutava con quella sua voce allegra e canterina, un bellissimo sorriso e un "Ciao, caro!" o "Ciao, bello!" che mi mettevano di buonumore per tutto il resto della giornata! Poi arrivò Anna Maria, che rimase invece a lungo e veniva perfino prima del servizio, per fermarsi a chiacchierare un poco insieme a me. Nemmeno lei rubava! Faceva la cassiera, in uno dei due ristoranti dell'hotel. Le nostre simpatiche, lunghe chiacchierate erano sempre molto piacevoli. La invitai poi a casa mia, a conoscere la famiglia, e l'aiutai anche a trovare casa, anche se poi la cosa andò a finire male, con la mia compagna di università, Ursula, che era una tipa alquanto strana, a dire poco. Si arrabbiò parecchio con me, quando seppe che, benché a parità di votazione nel *Batchelor of Arts* (la prima laurea), io ero stato ammesso al *Master of Arts* e lei no. Ne parlasse con i professori! Omisi di dirle che non solo ero stato ammesso, bensì fortemente incoraggiato dal professor Fahy! Quelle chiacchierate continuano ancora oggi e Anna Maria l'ho rivista più volte, a casa sua, ad Arma di Taggia, in Liguria, e lei è anche venuta a trovarmi a Belluno.

Stava benissimo a Londra, Anna Maria. Aveva trovato il suo ambiente ideale. Aveva perfino comprato casa, in seguito. Fu però vittima di quel frequente ricatto morale dei genitori anziani che "non ce la fanno più". Così mollò tutto e ritornò in Italia, da brava figlia devota, comunque molto controvoglia; una decisione che penso rimpianga ancora oggi, anche perché tuttora la madre, ormai ultraottantenne, è molto in gamba. Morto invece il padre, già diversi anni or sono. Anna continua a coltivare il suo rusco, in una grande serra, situata sui colli che sovrastano la piccola cittadina di mare, un luogo molto bello, a un tiro di schioppo da Sanremo. Mi piace molto tutta quella zona e la sua natura selvaggia, dai profumi che ricordano molto quelli della non troppo lontana Provenza, terra d'origine di Sossó, la mia cara ex moglie.

*

A questo punto, tu magari mi chiederai – e non avresti torto a farlo – che cosa c'entrino i cavalli con il Maestro Luciano Pavarotti. Non c'entrano nulla, infatti. A proposito di cavalli, tuttavia, mi viene ora in mente una storiella divertente, che raccontavano su di mio nonno; materno, visto che l'altro non l'ho mai conosciuto. (O forse sì? Anche questo fa parte del Grande Mistero della mia paternità!) Dunque, mio nonno Luigi, detto *Gìo,* era, come già ti raccontavo, cocchiere presso una famiglia di signorotti, conti, per la precisione. Così, in un pomeriggio di fuoco di un giorno di luglio, o forse era agosto, proprio nel pieno della Canicola, *Gìo* stava riportando a casa il conte, in quella villa estiva di Meano di Santa Giustina, mio paesello natale. Giunti a quella che era un tempo, sulla vecchia strada ghiaiata, una salita breve ma piuttosto ripida, appena prima di Oregne di Sospirolo, mio paese di adozione, mio nonno Luigi si rese conto che i poveri cavalli erano in grave difficoltà, anche perché, oltre alla pesante carrozza, sopra c'era anche il peso non indifferente dell'assai corpulento conte. Nonno Luigi scese così dal suo sedile e chiese al conte se non potesse, per cortesia, fare la stessa cosa; era solo questione di un centinaio di metri. Il conte non volle saperne, ah no, non se ne parlava proprio. *"Ma sió̀r conte",* protestava Luigi, *"i cavalli davvero non ce la fanno più!"* Al che il conte ciccione, madido di sudore, pur senza fare nulla, e totalmente indifferente alla sorte dei malcapitati cavalli, avrebbe risposto, ridendo anche: "Peggio per loro, dovevano fare a meno di nascere cavalli!!" Non a caso, nella narrativa popolare, i nobili non hanno mai goduto di ottima reputazione. Una simpatica filastrocca dialettale bellunese recitava infatti così: *"Conte da le braghe onte e dal capèl de paja, conte canaja!"* (Non credo che ti serva una traduzione.) In tempi non remoti, ho saputo da fonte molto attendibile di un conte che, avendo ingravidato una donna, se ne lavò poi tranquillamente le mani. Fortuna volle però che lei avesse un aborto spontaneo. "Il leopardo non muta mai le proprie macchie", diciamo in inglese. In italiano, lo avrai già capito: La volpe (o il lupo) perde il pelo, ma non il vizio! Oppure, per dirla con Jean-Baptiste Alphonse Karr, nella sua famosa rivista *'Les Guêpes'* [Le Vespe]: *"Plus ça change, plus c'est la même chose."* [Più cambia e più è la stessa cosa.] Insomma, i cosiddetti "nobili" continuano ancora oggi a dare prova di essere invece alquanto ignobili!!

*

*Mio nonno Luigi, detto Gìo, il papà di Corinna,
il cocchiere dei conti, che volentieri andava
all'osteria, ma da brillo non era mai
cattivo. Mai conosciuto, purtroppo,
morto prima che io nascessi*

Una sorte ben peggiore attendeva alcuni di quei bellissimi cavalli neri delle guardie reali di Elisabetta, la regina che sembra invece non dover morire mai! Era il luglio del 1982, quando l'IRA piantò con successo due bombe, a poca distanza di tempo l'una dall'altra, uccidendo due cavalieri su sedici dei *Blues and Royals*, che dalla loro caserma di Knightsbridge si avviavano al cambio della guardia, a Buckingham Palace, andando ad alternarsi ai colleghi delle *Life Guards*. Morirono anche sette cavalli, dilaniati dagli enormi chiodi con cui era stata "arricchita" la bomba. Ricordo che in qualche modo mi facevano più pena loro, che non avevano scelto di nascere cavalli, né tanto meno di fare i soldati. Sarà stato anche per aver avuto un bel rapporto con quella buona Zueba o Nana, a Lugano, ma di certo per i cavalli ho sempre avuto la stessa empatia che nutro per i cani. O forse è una cosa ereditata da mio nonno Luigi. Nel Regent's Park invece, morirono sei musicisti dei *Royal Green Jackets*, proprio mentre si esibivano davanti ad un pubblico di un centinaio di persone. Rimasero purtroppo anche ferite oltre una cinquantina di persone, tra gli spettatori. Insomma, si continuava ancora a vivere una vera guerra. Eppure, non ci fu mai il panico che si vede oggi per un virus che sembra in realtà non interessarsi proprio per nulla alla stragrande maggioranza delle nostre popolazioni. (Qualcuno me ne vorrà per questa, ma non importa: io non ho paura di dire chiaramente quello che penso!)

*

Una prima pagina di quotidiano che non si rischia
di dimenticare troppo facilmente

I due attentati furono subito rivendicati dall'IRA,
come faceva di consueto, e parte del comunicato,
rivolgendosi direttamente a Margaret Thatcher,
dichiarava che: "Il popolo irlandese ha diritti di
sovranità e nazionalità, che nessuna forza di
occupazione potrà mai sopprimere". Successe
durante la settimana, per cui io non mi trovavo al
mio solito lavoretto, all'hotel Hyde Park, per
un'altra mia bella botta di culo, come si dice
volgarmente. Perché l'auto-bomba di Hyde Park
era stata parcheggiata esattamente là dove io
solitamente parcheggiavo la mia macchina, ogni
sabato e domenica mattina! Dovetti in seguito
andarci in bicicletta, perché da allora in poi fu
proibito parcheggiare dentro il parco (credo che lo
sia tuttora), su tutta quella strada che costeggia
la caserma della cavalleria. L'hotel era diviso dalla

141

stessa solo da una seconda strada. Al ripensare oggi a questi terribili eventi, sebbene a distanza di così tanti anni, mi vengono ancora sempre i brividi.

Eppure la vita continuava in modo del tutto normale: io andavo sempre a lavorare e poi ovunque altrove, all'università, etc.; come i nostri gemelli andavano a scuola; mia moglie a fare la spesa e a portare Marco e Pierre al parco, a passeggio, a giocare. Non si poteva fare diversamente. Non si poteva smettere di vivere, come pretenderebbero che facciamo oggi coloro che – nemmeno da noi eletti o nominati! – si arrogano il diritto di decidere se e come e quando e dove possiamo ancora disporre delle nostre Vite!! Nemmeno lo facessi apposta, mentre ti racconto tutto questo, mi rendo conto che sto ascoltando Hector Berlioz, la sua meravigliosa 'Symphonie fantastique', Op. 14, la quarta parte, o movimento, perfetto per questo assai imperfetto periodo, perché intitolata 'Marche au supplice', cioè una marcia verso il supplizio! Drammatizzo troppo, dici? Tu credi? No, vedrai tra non molto che tutto questo non è che l'inizio, se i popoli non si svegliano e non decidono di saltare fuori subito dal pentolone di Chomsky!! Prima che sia troppo tardi ...

Qui riemerge il poeta, all'improvviso, e così non può *non* nascere, di nuovo, POESIA!

*

THE GREAT RESET
(L'Azzeramento Totale)

A Brigida

Noam aveva ragione,
lui, Grande Profeta!
Ai popoli viene mentito,
spudoratamente, e poi
quei popoli stavano
troppo bene, immersi
in acque balsamiche,
tiepide o appena calde
come un abbraccio.
Ma era un amplesso
di mantide femmina,
che ora, vorace divora
le rane, precotte a puntino,
ignare di tutto e perfino
felici davvero di essere tali;
mentre pasciuti, cinici,
incompetenti, venduti,
indifferenti e dannati
politicanti giocano ancora
ad insulsi giochini a colori,
con pedine che siamo noi
tutti, in questo immenso,
nuovissimo lager globale,
immersi nel brodo di Chomsky!

Berlin - Siemensstadt,
mercoledì, 5 maggio 2021

*   *   *

La parabola, o metafora, delle rane di Chomsky!
(Se non la conosci già, puoi trovarla
ovunque sul Web)

Schizzo originale di
Silva Cattarin

8.

DI LAIDE PRINCIPESSE

E REALI MERAVIGLIE

"L'università non serve a nulla!" L'ho sentita più volte questa frase, negli anni, anche in paesi diversi. Vedendo la reazione di molti laureati, di fronte alla presunta pandemia, oggi potrei quasi essere d'accordo con quella affermazione! Sarà tuttavia anche vero che una laurea potrà non servirti a trovare il lavoro ideale o dei tuoi sogni giovanili, però male non ti fa di certo, al di là del pezzo di carta che sarai magari riuscito ad ottenere, dopo tante fatiche. Studiare però ti dà molto di più della possibilità di un eventuale impiego ben pagato. Spesso potrai, anzi, essere perfino retribuito peggio di coloro che sono invece (accademicamente) meno qualificati di te. Ma studiare ti apre soprattutto la mente! E questo nessuno potrà mai togliertelo, mai, qualunque lavoraccio tu possa poi finire per fare!! Io, che da giovincello non avevo avuto nessunissima voglia di studiare, trascorsi poi otto anni all'università! Chi lo avrebbe mai detto? E di sicuro lo feci con passione, perché come avrei tenuto duro così a lungo, altrimenti? Quelle alzatacce, alle cinque di mattina – io che ho sempre odiato alzarmi presto, perché proprio geneticamente vero nottambulo – per essere in servizio al parcheggio alle sei di mattina e poter arrivare alle lezioni alle sei di sera, dopo un turno di dodici ore?!

*

Studiare una lingua, la tua, a livello universitario significa scoprire un mondo davvero tutto nuovo e vastissimo. Perché, è ovvio, la propria lingua madre – benché in realtà per me l'italiano fosse la seconda, perché la prima era stata il dialetto *belumàt* – la si prende abbastanza sottogamba;

tante, troppe cose si danno per scontate o si dà per scontato di saperle. Iniziare a vedere la tua propria lingua con gli occhi di uno straniero ti permette di avere la stessa lucidità e obiettività che riesce ad avere appunto quello stesso straniero, quando ci vede più chiaro, nelle faccende del tuo paese. Perché le vede da fuori. Cose che tu non puoi vedere allo stesso modo, standoci dentro, completamente immerso e perciò inevitabilmente del tutto parziale. Dunque io l'aver imparato a conoscere seriamente l'italiano lo devo a un gruppo di docenti universitari in prevalenza stranieri, cioè inglesi. Cinque, in tutto: gente seria, impegnata, preparatissima. In prima fila, il grande professor Conor Fahy, capo del dipartimento d'italiano di Birkbeck College, unico college universitario in tutto il Regno Unito ad offrire a quei tempi dei normali corsi, però con frequenza esclusivamente serale, per gente che lavorava durante il giorno. L'ascia della Thatcher non perdonò e il dipartimento fu chiuso, pochi anni dopo il mio passaggio. Peccatissimo, essendo una perla unica in tutto il paese! Ora scopro però che esiste un nuovo dipartimento, al Birkbeck, dove si può studiare *anche* l'italiano. Il professor Fahy, che, come ho saputo solo di recente, ci ha lasciati già nel 2009, all'età di 81 anni, era un grande filologo ed italianista, specializzato nella letteratura rinascimentale e *filologia testuale*, cioè quella particolare branca della filologia rivolta soprattutto alla ricostruzione critica dei testi.

*

Conor, che era nato a Malta, ma aveva origini irlandesi, oltre ad essere un grande studioso, ma di un calibro che ormai di rado si incontra ai giorni nostri, era anche un grande uomo. Molto serio nel suo lavoro, aveva anche le idee assai chiare nella sfera umana. Cattolico devoto e credente, padre di diversi figli (non ricordo quanti), non ammetteva sgarri sul piano etico e morale. Possedeva un misto di autorevolezza e bonarietà, che incuteva soggezione, a tutta prima, cioè finché non cominciavi a conoscerlo meglio. Un privilegio che potei avere, perché, dopo i sei anni di corso del *Batchelor of Arts,* essendo stato incoraggiato proprio da lui a proseguire "almeno con il biennio del Master" (ora li fanno in sei mesi!) e fu proprio lui, insieme alla professoressa Lepschy, di University College, il mio tutor. Ebbi così modo di imparare a conoscerlo molto bene e ad ammirarne l'integrità totale, non solo sul piano professionale. Sapeva essere severo e bonario al tempo stesso, ma sempre con molta delicatezza e un sobrio, intelligente senso dello humour. Potevi essere in disaccordo con lui su una determinata interpretazione di un testo e lui ti ascoltava volentieri, ma da pari a pari, non dall'alto di quella sua comunque notevole statura accademica. Dove non transigeva, invece, era sulle questioni di moralità.

Fu così dunque che mi trovai un giorno, per una sola volta, a non poter discutere con lui, ma solo ascoltare ed assentire. Si trattava di una certa giovane e leggiadra professoressa tedesca e di tedesco, conosciuta durante un paio di colloqui, quando avevo considerato anche la possibilità di studiare germanistica. Mi ero, ahimè!, subito alquanto invaghito della reale bellezza che era lei, una cosa quasi inevitabile. Così, pur avendo nel frattempo cambiato direzione di studi, continuai a cercarla, a tentare di godermi ogni tanto almeno quattro chiacchiere con lei. Perché lei era una reale meraviglia! Non mi sembrò vero, perciò, quando seppi che quell'anno i due dipartimenti, d'italiano e tedesco, avrebbero unito le forze, per una bella, grande festa di Natale in comune. E una piacevolissima serata fu quella davvero, durante la quale io cercavo di non essere troppo ovvio, però faticavo a distogliere lo sguardo da Lei! Mi sembrava una specie di fusione tra Laura e Beatrice: il titolo di "donna angelo" sembrava proprio perfetto per descriverla! Non ebbi mai più occasione di godermi la sua vista così a lungo, però. Intanto la festa, iniziata bene e continuata sempre meglio, era tuttavia finita male. Almeno per uno studente di tedesco. Finita cioè in pronto soccorso!

Il giardino di Gordon Square,
davanti ai dipartimenti di tedesco
e italiano e all'Ufficio Pubblicazioni

151

"Quando la festa è finita, torno da solo a casa mia..." (Chi la cantava, Celentano forse?) Ma prima avevo offerto di dare una mano per una ripulita, almeno sommaria, a tutti i locali del dipartimento di tedesco. No, evitiamo di essere troppo maliziosi, qui! Non lo facevo soltanto per la bella prof, è una cosa a cui io mi presto sempre comunque e ancora oggi. Così stavo portando giù diversi scatoloni pieni di...? Vuoti! Perché di bottiglie ne erano state svuotate parecchie. Stavo per riprendere le scale dal pianterreno, quando in cima si presentò un tizio barcollante, che a sua volta portava una scatola di vuoti, come si scoprì poi. Comparire in cima alle scale e poi tuffarsi a testa in giù, ma senza mai mollare lo scatolone, fu tutt'uno! Sarà mio destino quello di gettarmi incontro ai folli in caduta libera? (Ricordi il turco a casa di Mrs Crewe?)

Fu un bel tuffo, perché al primo piano si saliva con un'unica, lunga rampa. L'uomo mi venne, ovviamente, addosso in pieno e finimmo entrambi per terra, ma non prima che lui sbirciasse dentro lo scatolone, dove alcune bottiglie si ruppero, provocandogli, per fortuna, solo tanti tagliuzzi per tutto il viso e la fronte. Sanguinava tuttavia in modo abbondante. Sarebbe stato impressionante per molti, ma io ho sempre mantenuto il sangue freddo in questi frangenti, ciò che mi permise anche di lavorare due estati come interprete di pronto soccorso, senza andare in crisi come certe colleghe. Una scena simile di viso insanguinato l'avevo già vista per la prima volta quando da bambini ci attaccavamo dietro il motocarro di Franceschet, il mugnaio che riforniva di farina la bottega della Genia, mia zia-mamma. (Il molino esiste ancora oggi, a Gron di Sospirolo, e produce e vende sempre ottime farine.) Un giorno, l'amico Valeriano cadde, durante questa nostra bravata, che era tuttavia cosa ben rodata, e andò proprio a sbattere il viso sulla strada ghiaiata, alzandosi che sembrava un mostro terrificante, così tutto completamente insanguinato e con una miriade di sassolini piantati ovunque, per tutto il viso! A quei tempi, il peggio poteva anche essere che ti disinfettavano ancora con dell'alcol denaturato; l'acqua ossigenata venne solo più avanti! Per cui noi, ferendoci in qualsiasi modo, tendevamo a disinfettarci solo con l'acqua fresca della fontana, cercando inoltre di nascondere l'accaduto ai nostri genitori, perché altrimenti si rischiava di andare incontro a certi danni collaterali peggiori!

Un lontano parente di 'Gordon the Pigeon'
"per l'aer sacro a Dio mosse le penne"!
(Giuseppe Giusti, 'Sant'Ambrogio')

Ritornando a Gordon Square, proprio quella dove, poche porte più in là, aveva dimorato e lavorato *Gordon the Pigeon* – il piccione Gordon – quella sera ero sicuramente riuscito ad attutire la caduta del tizio, che, sbronzo, era precipitato giù per le scale. Senza il mio tempestivo intervento, sarebbe quasi sicuramente finito con la testa del tutto dentro le bottiglie, che per terra avrebbero fatto danni ben peggiori! Chiamai senza indugio un'ambulanza dal telefono del dipartimento di tedesco e offrii di accompagnare il malcapitato in pronto soccorso, dove si capì subito che non si era fatto gravi danni. A me uscirono poi alcuni begli ematomi sulle braccia e sul torace, a seguito dell'impatto non trascurabile. Telefonai a casa, per avvisare che avrei tardato a rientrare, perché mi trovavo in un pronto soccorso, ma no, non per me. E che stesse pure tranquilla, perché è sempre stata una donna alquanto ansiosa mia moglie, così meno male che non lo sono io!

Non raccontai la cosa in giro, al college, ma si venne a sapere lo stesso, perché il tizio volle ad ogni costo scoprire chi fosse stato quel suo "angelo custode", che forse gli aveva salvato la vita. Dapprima mi scrisse una lettera, che lasciò con il prof Fahy, ma poi volle anche incontrarmi, per ringraziarmi di persona. Eh, tante storie, per così poco! No, no, non era affatto poco, disse. Così l'incidente fece comunque notizia e mi ringraziò molto anche la bellissima prof. Qualche tempo dopo però, il caro Conor mi fece un discorso molto serio sul fatto che si trattava di una donna sposata e che nemmeno io ero libero e che inoltre lei era una cara collega, da lui molto stimata e che in certe faccende dobbiamo essere uomini seri. E me lo diceva, tutto questo, con un certo tono tra il perentorio e il bonario, perché così era lui, per cui non era possibile obiettare, nemmeno avendolo voluto, ciò che in quel caso non era comunque opportuno! Così gli promisi, senza che lui me lo avesse chiesto, ma solo alluso, che avrei ridotto drasticamente le mie attenzioni per la leggiadra giovane professoressa. E così fu, anche perché di solito mantengo le promesse, almeno quelle importanti o solenni. Chiesi però alla splendida prof se le dovessi delle scuse. "No, perché mai?" mi rispose con un sorriso che ti scioglieva come un gelato nella Canicola. "Forse hai un poco esagerato con le rose, ma le ho apprezzate molto comunque e ormai credo di aver capito chi sei tu." Altro fantastico sorriso. Non la potrò dimenticare mai, quella meraviglia di *Laura-cum-Beatrice.* Forse mi ero anche qualcosa di più che solo "invaghito" di lei. Inevitabilmente, tuttavia, vista la mia natura romantica e la sua grande bellezza ... E non sto cercando di scaricare barili, qui, come fanno molte delle anime dannate nell'Inferno dantesco, tra cui Francesca, che pronuncia la famosa frase "Amor, ch'a nullo amato amar perdona". Colpa dell'Amore, insomma. No, io non mi sono mai esonerato dalle mie responsabilità e ho dunque sempre fatto fronte alle conseguenze, quando ho sbagliato. Spero così di riuscire a mantenere fino alla fine questa mia coerenza con me stesso. Soprattutto *per* me stesso, appunto, non per ciò che di me possano pensare gli altri. Di cui proprio non mi curo!

*

Laura o Beatrice? Forse, entrambe!

Avevamo anche un professore d'italiano che *era* italiano, nel nostro dipartimento, toscano per la precisione: il dottor Giorgetti. Proveniva dalla Normale di Pisa. Un vero personaggio, che fumava come un turco, anzi, come due, e forse fu proprio quel suo vizio ciò che infine lo uccise, prematuramente. Molto preparato e molto chiaro ed eloquente, era perciò anche bello ascoltare semplicemente quella sua "favella toscana", che mi faceva pensare a nonna Lucia, in quella arcinota poesia del Carducci, che porta il mio nome e che la professoressa Dalle Mule, alle medie, mi obbligò ad imparare a memoria, come punizione per non aver fatto i compiti! Molto alla mano e conviviale, il dottor Giorgetti si prestava volentieri ad andare a bere un paio di bicchieri al pub, dopo le lezioni. Sempre in ore serali, non dimentichiamolo! Unico problema: tra lui e quella sua simpaticissima compagna producevano una vera nuvolaglia di fumo, che dopo un paio d'ore diventava veramente fastidiosa. Poi, c'era un Mr Clare, che ci parlava di Cesare Pavese, di lune e falò, di case in collina, di una morte che verrà "e avrà i tuoi occhi"! Mi piaceva molto come ci presentava Pavese, quasi come se lo avesse proprio conosciuto di persona. E ci insegnava anche linguistica Clare e soprattutto fonetica, che molti trovavano noiosa, ma io no. Devo infatti a lui se, molti anni dopo, insegnando l'inglese, ho sempre "illuminato" i miei studenti con qualche lezione di fonetica, ritenuta inutile dalla direttrice di una scuola, eppure una vera rivelazione per i ragazzi, perché nessuno gliene aveva mai parlato, ma nemmeno accennato, in otto o dieci anni d'inglese! Eppure è innegabile che, se tu capisci come un suono viene fisicamente prodotto, finirai per pronunciarlo alla perfezione. Mi salutava sempre con un ironico *"Guido, rara avis!"* Mr Clare. Ironico, perché lui non aveva certo in mente il senso originale delle 'Satire' di Giovenale; quel suo epiteto "uccello raro" voleva dire piuttosto: finalmente ti degni di farci di nuovo visita! Un giorno, gli dovetti spiegare meglio della mia situazione familiare e di come a volte mi fosse praticamente impossibile essere là puntuale per le diciotto, perché le sue lezioni erano appunto le prime, ma io alle diciotto dovevo, in teoria, essere ancora al lavoro! Contrariamente a quanto si era immaginato lui, la sua materia mi interessava moltissimo. Gli raccontai anche della mia vecchia intenzione, poi abbandonata per forza, di studiare linguistica. Da quel giorno, non mi fece mai più la sua battutina latina.

Il mio caro professor Fahy,
qui all'Università di Udine

Un altro grandissimo personaggio del nostro dipartimento d'italiano era John Took, che in questo ultimo giorno di Pasqua 2021 ho avuto il grande piacere di poter vedere ed ascoltare su YouTube, in una sua *lectio* dello scorso anno. Su Dante, perché il professor Took è un grande dantista – no, non dentista, un esperto di Dante! – e peccato per certi miei compagni di corso di allora, come la vecchia Ursula, che regolarmente si assopiva, durante le sue lezioni serali. Vedo che in John non sono scemate né la sua energia, né la sua grande passione per il nostro Sommo Poeta. Sommo, sì, perché, come riconobbe anche il grande T. S. Eliot: "Vi sono Dante e Shakespeare, a pari merito. Un terzo non c'è!" E il nostrano Montale aveva detto che Dante aveva fatto il pieno, per gli altri non restava nulla! Noto che John ha pubblicato, anche di recente, vari libri su Dante, che di sicuro mi procurerò. Ora che siamo quasi colleghi, visto che anche lui vende i suoi libri su Amazon! Noto anche che non ha perso quel suo idiosincratico "Yes?!", che ripeteva spesso già ai bei tempi, come un "Mi state ascoltando?" o un "Mi seguite?" Né quel suo vezzo di puntare verso i suoi ascoltatori quell'indice destro …

*

Il master era un corso intercollegiale, per cui ebbi la fortuna di avere come tutor, oltre al grande Conor Fahy, anche la professoressa Anna Laura Lepschy, di University College! (Sì, quello dove avrei dovuto studiare linguistica.) Torinese di origine, trapiantata in Inghilterra, scopro oggi che è nel frattempo rientrata in patria, nella natia

Torino, e che ha ormai raggiunto la bella età di 87 anni! Mi affascinava molto quella bella signora, ma soprattutto per il suo sapere e il dolce modo di fare. Ricordo con grande piacere quelle nostre chiacchierate, che avrebbero potuto continuare per ore ed ore, perché non mi stancavo davvero mai di ascoltarla. Che cosa studiavo con Laura e Conor? I poeti italiani moderni, con particolare riferimento a Montale, mio idolo, e Zanzotto, sul quale scrissi poi la tesi del Master, seguendo il suggerimento dello stesso professor Fahy. Poteva essere interessante occuparsi, per una volta, di un poeta vivente, disse, e anche questo dimostra la sua grandissima apertura, pur essendo un accademico. Ebbi così anche il piacere aggiunto di un breve scambio con Zanzotto, il cui primo libro, 'Dietro il paesaggio', non era reperibile in alcun modo e così il poeta gentilmente me ne fece arrivare una fotocopia, perché lui stesso, così mi scrisse, ne possedeva solo due copie. Quando in seguito, alla discussione della mia tesi, accennai, così, ma proprio casualmente, che ero stato in contatto con Zanzotto, cessarono le domande, perché poteva bastare così, dissero. E furono tutti e tre concordi.

*

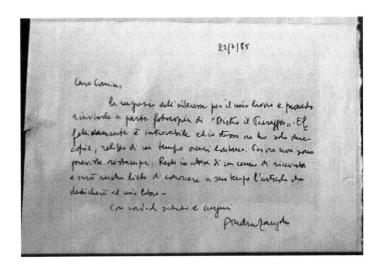

Un ricordo prezioso: la lettera
di Andrea Zanzotto!

Nel rispetto di un'antica tradizione, i neolaureati dell'università di Londra vengono presentati ogni anno ad un qualche membro della famiglia reale. Un tempo, era stato già compito della regina Elizabeth II, ma lei aveva smesso già da anni, quando toccava a me. L'opulenta cerimonia di presentazione aveva ed ha tuttora luogo, in pompa magna, nel grandioso scenario di quella specie di cattedrale della musica che è la Royal Albert Hall, che commemorava il defunto consorte tedesco della regina Victoria e dove ebbi anche modo di ascoltare qualche fantastico concerto e, tra i cantanti moderni, la grande, incomparabile, elettrica, magnetica Liza Minelli! Nel 1983, toccò alla *Royal Princess* – la Principessa Reale – farci gli onori di casa, per così dire. Sua Altezza Reale la principessa Anna, che, poveretta, bella non era mai stata, né è migliorata con gli anni, come succede invece ad alcune donne assai più fortunate. Tuttavia, agghindata com'era nei sacri paludamenti reali e grazie anche al suo elegante portamento, faceva ancora la sua bella figurona.

Così, uno alla volta, migliaia di noi sfilammo davanti a *Sua Bruttezza Reale,* chiamati per nome e cognome, ripetuti questi anche dall'eco della maestosa, enorme cupola vittoriana. Fu un momento molto emozionante, devo ammetterlo, benché io non sia di certo un monarchico, bada! Dunque, noi uomini a farle un semplice inchino con la testa, alla cara *Anne,* mentre per le donne l'inchino è un poco più impegnativo e qualcuna di loro infatti, ogni tanto, inciampava, complice, sicuramente, anche la grande emozione! In Italia, qualche tempo dopo, chiesi a mia zia-madre, la *Genia,* dove fosse finita la foto che mi mostrava in quella storica occasione. Era in qualche cassetto, in soggiorno! Cosa??! La trovai e la portai subito dai miei cari padrini, i *santoli* Pina e Italo, che ero certo l'avrebbero apprezzata di più. E infatti, già il giorno dopo, la foto era appesa, bella incorniciata, in casa loro. Grazie, cari *santoli,* anche per quel nuovo bel gesto, solo uno di tantissimi!

*

*"Mister Guido Comin!" L'inchino al brutto anatroccolo
della famiglia Windsor: Sua Altezza Reale,
la principessa Anne*

Assueta vilescunt! Significa che quelle cose che
diventano abitudine perdono di valore. Verissimo!
Così la nuova presentazione, quella per il Master,
solo due anni più tardi, mi emozionò molto meno.
Ricordo solo la graziosa, elegante signora che era
la duchessa del Kent. Fu lei a fare le veci della
regina, nel 1985. I miei anni universitari me li
sono sicuramente goduti molto di più, per averli
fatti in età già un poco più matura e per averli
anche fortemente voluti e duramente sudati.
Credo che se potessi rifarli oggi, assai più vecchio
e un poco più saggio, potrei perfino godermeli
ancora di più. Però dovrei avere di nuovo quegli
stessi meravigliosi docenti che ebbi la fortuna e
l'onore di poter conoscere e che hanno, tutti,

lasciato un segno indelebile dentro di me. Tutti, ma in particolar modo il professor Conor Fahy, che mi torna in mente spesso e con grande commozione, quasi fosse stato un padre, anche.

Andavo molto fiero, all'epoca, di quella mia meritata e sudatissima laurea!

*   *   *

9.

SCOMUNICATO DALLA

SUOCERA PAPESSA

Fine aprile del 1987. Londra era tutta in fiore, una meraviglia di crochi, giacinti, narcisi, ciliegi, forsizie, nei numerosi parchi e nei giardini delle piazze, come tutte le primavere, londinesi e non solo, sicuramente anche in questa nostra del 2021, in barba alla dannata pandemia. Tra un mese, avrei compiuto trentasei anni. (Oggi, tra un mese o poco più, mi tocca raggiungere ben altro traguardo, poco manca al doppio!) All'epoca, mi sembravano già molti quegli anni, perché avevo spesso pensato di morire giovane. Non so perché. Questa cosa non l'ho mai analizzata. Di certo, alla morte, da giovane, ho spesso dedicato i miei pensieri, ogni tanto anche qualche verso, ma non come una cosa che mi spaventasse. No. Spero di riuscire ad essere altrettanto sereno, quando verrà quel *Momento!* Visto però che sembravo destinato ad andare avanti ancora per qualche anno e non volendo proprio rassegnarmi all'idea di fossilizzarmi in quel lavoro d'ufficio, che ormai facevo quasi ad occhi chiusi, per cui mi annoiava parecchio, presi la grande decisione. Mi licenziai dall'Università di Londra, dove inoltre non avevo più nemmeno l'incentivo di poter frequentare i corsi gratuitamente, visto che avevo ormai alle spalle da due anni anche il Master. E che non pensavo di poter continuare, sebbene mi sarebbe piaciuto molto. Forse non avrei dovuto sposarmi o almeno non avere figli, allora sarebbe andato tutto molto diversamente. Magari sarei diventato un esperto dantista, come John Took, o un filologo, come Conor Fahy. Ma si vede che non doveva andare così.

*

*Sempre una meraviglia la primavera a Londra,
un'esplosione di fiori di ogni sorta e colori! E
la capretta Roxane sempre in cima ai muretti!*

Non fu di certo una decisione improvvisata però, tuttavia sconvolse parecchio mia suocera, che me ne disse di tutti i colori, tra l'altro che ero pazzo furioso, a lasciare un lavoro sicuro per la vita: e in cambio di cosa, poi? Incertezza, insicurezza, o peggio? No, nulla di tutto questo, che sarebbe sì arrivato, ma solo molti anni più tardi, quando la digitalizzazione e le comunicazioni globali molto agevolate fecero quasi sparire la domanda di traduttori, che si erano illusi – io compreso! – di avere ora accesso ad una clientela mondiale. Invece furono i clienti ad avere infinite possibilità di trovare traduttori molto più morti di fame di te, disposti (non si sa di cosa vivessero!) a lavorare a prezzi che erano addirittura meno della metà di quelli da noi praticati fino ad allora.

Già da quasi un anno rifiutavo continuamente incarichi di traduzione da parte di un paio di agenzie, che mi chiamavano sempre in ufficio. Con l'impiego a tempo pieno e le scuole serali, che nel frattempo erano diventate tre (si era sparsa la voce di un insegnante matto, che però piaceva agli studenti!), non mi restava molto tempo per tradurre. Non so come lo facessi, ma facevo. I clienti erano soddisfatti. Pure io. Anche perché stavo mettendo a frutto quei preziosi insegnamenti del professor Fahy e di Mr Clare e del dottor Giorgetti. Durante una rimpatriata di *alumni,* si scoprì una sera che solo due di noi stavamo sfruttando seriamente nel lavoro le nostre sudate qualifiche universitarie. Quattro calcoli mi permisero subito di capire che mi conveniva davvero mettermi a fare il traduttore *freelance* e a tempo pieno. Nei primi sei mesi di attività indipendente, guadagnai infatti più dello stipendio universitario di un anno! Allora anche mia suocera si tranquillizzò un pochino. Ma solo un pochino, perché lei ci aveva sempre visti come una coppia di precari. Punto. In barba alle sue previsioni, tuttavia, il nostro matrimonio durò ben ventun anni e il divorzio, voluto da entrambi, io non l'ho mai considerato un fallimento della coppia, anzi, una soluzione intelligente e matura ad una situazione che sarebbe altrimenti potuta solo peggiorare, visto che ormai entrambe le parti volevano qualcosa di diverso dalla Vita.

Al pub, con allieve del Tower Hamlets Institute,
a Whitechapel, nel "famigerato" East End di Londra

"*Maman,* siamo pazzi di gioia!" Così disse Marie-Solange a sua madre, al telefono, annunciandole la grande notizia che era incinta di due gemelli. "Voi siete pazzi, punto e basta!!" Fu questa la risposta secca di mia suocera. Madeleine (Madý per gli amici) era una donna dalle idee davvero assai chiare. Intelligente, tosta, decisa, molto in gamba, aveva tirato su tutta sola le due figlie, essendosi ben presto sbarazzata di un marito inutile, che non solo non aveva voglia di lavorare, ma nemmeno si prendeva la minima briga di aiutarla in qualche piccolo modo. "Porta almeno le bimbe a fare una passeggiata, guarda che bel sole c'è oggi!" (E quella era la Costa Azzurra!) "No, no, non mi va, perché camminano troppo piano!" rispose l'inutile idiota.

Madý mi diceva spesso che era un gran bell'uomo Paul. Ma bello e basta, le rispondevo io. Aveva lavorato in uffici pubblici per tutta la vita lei, per molti anni per quell'ente statale detto *Ponts et Chaussées*, cioè qualcosa di simile all'ANAS in Italia. Avendo là dovuto battersi costantemente contro colleghi maschi perlopiù stupidi e del tutto incompetenti, mi raccontava che di rospi ne aveva mandati giù fin troppi, ma aveva tenuto duro, per quelle due figlie. A volte però il peso di tutto era sicuramente troppo e lei quelle bambine a volte le maltrattava, con docce fredde vestite e piatti di minestra in testa. Oggi verrebbero date in affido, credo. Ma forse furono proprio quei terribili traumi d'infanzia che mi fecero subito sentire Sossó come un'anima gemella. Avevamo entrambi sofferto, da piccoli, sebbene molto diversamente. Ci capivamo dunque. Perfettamente.

Madý veniva a trovarci a Londra un paio di volte all'anno. Benché lei arrivasse sempre con tanta buona volontà, e ci desse anche una mano, ad esempio comperando vestiti per i bimbi, riusciva tuttavia sempre a portare un po' di zizzania in casa. Io con lei non ho mai litigato, ma sua figlia più volte. Perché ero affezionato a lei; e lei a me. Forse te l'ho già raccontato, ma l'aveva solo un poco sconcertata, all'inizio, il fatto che io le avessi subito dato del tu, confessandomi però anche che preferiva così. Perché invece mio cognato Richard, anche molti anni dopo, le dava ancora del Lei! Così, quando seppi da mia cognata Babette che Madý ne aveva per pochi giorni, partii subito da Treviso, la mia patria di allora, alla volta di Draguignan, in Provenza. Lì, al capezzale di mia suocera moribonda, credo di avere sconvolto il personale, perché ogni pochi minuti noi tutti scoppiavamo a ridere, anche se sommessamente. Ma tant'era, visto che la poveretta ormai non c'era già più.

Facevo ridere la famiglia, ricordando loro alcuni aneddoti buffi del passato. Come quella volta che Madý, ospite a casa nostra, cacciò un urlo che fece accorrere sia Sossó che me. Ce l'aveva con i gemelli, perché continuavano ad usare i suoi asciugamani! "Ma *Granny*, sono piccoli, glielo abbiamo detto e ripetuto, ma sai come sono i bambini e poi... è così grave la cosa?" Per tutta risposta, lei, una signora bella ed elegante e di rado sboccata, rispose con una smorfia: "Bene allora, d'accordo: se ai vostri marmocchi non gliene frega di asciugarsi il viso dove io mi sono appena asciugata il culo, facciano pure!!" *Granny*, sì, perché quel simpatico titolo inglese le piaceva più dell'equivalente francese, che la faceva invece sentire vecchia. Anche i due nipotini francesi dovettero perciò chiamarla sempre così. Ci fu poi quell'altra volta che aveva litigato di brutto con sua figlia, sempre a casa nostra. Quella visita era iniziata male. Un giorno, rientrando dalla spesa, trovammo che lei aveva sconvolto il soggiorno, spostando tutti i mobili, perché era ovvio che andava meglio così, no? Era più funzionale, con il tavolo vicino alla porta della cucina e il divano vicino al bovindo che dava sul Tamigi! Ma se a noi non dava fastidio fare due passi in più e ci piaceva invece mangiare guardando il Grande Fiume scorrere placido sotto le nostre finestre?

La mia 'belle-mère', Madeleine, aveva
anche scritto delle belle canzoni, ma disse no grazie
a chi le avrebbe pubblicate, se fosse stata "disponibile"!

174

Se ne andò pochi giorni dopo, sbattendo la porta. Non volle nemmeno che le chiamassi un taxi. Ritornò pochi minuti più tardi, come una delle tre Furie! Andò dritta in cucina, uscendone subito, con in mano la bottiglia di ottimo champagne che ci aveva portato. "Questa piuttosto la regalo al primo che incontro per la strada!" gridò a sua figlia. E io pensai: fai pure, tanto io non sono un grande appassionato dello champagne! E ora ridevamo tutti quanti, davanti alla moribonda ormai inconsapevole.

E la storia della maionese? In Francia, da Richard e Babette, Madý mi faceva un appunto di lingua francese. "Tu, mio *bel figlio,* parli un francese eccellente, e bene fece il parroco, domenica in chiesa, a chiederti di leggere il Vangelo, ma qui mi tocca correggerti! Poiché non si dice la *sauce mayonnaise,* ma semplicemente la *mayonnaise.*" E io: "Guarda, *bella madre,* che ho lavorato per anni in ristoranti di hotel di gran lusso, dove si dice, eccome, la salsa maionese, perché una salsa è, anche se poi magari, nell'uso corrente, si omette quasi sempre la parola salsa." "Ha ragione Guido" intervenne mia cognata. Non lo avesse mai detto! Madý scoppiò in un pianto isterico e poi: "Ecco, ce l'avete con me, siete tutti contro di me!!" E noi giù a ridere, ciò che peggiorò la cosa. E ridevamo anche quel giorno, al suo capezzale.

Ma non era affatto mancanza di rispetto per una moribonda, come potrebbe anche sembrare, ma semmai un'espressione di affetto, perché io non nutrivo alcun rancore verso di lei, anzi. Ma tenne duro ancora diversi giorni Madeleine, per cui io mancai al suo funerale, perché ormai rientrato a

Treviso. Passando per Arma di Taggia, ospite di quella famosa Anna Maria dei tempi di Londra. E fu davvero provvidenziale, perché si era guastata la bobina di accensione della Ford Ka, che perciò andava a tre cilindri. E fu solo grazie alla mia amica che trovai un buon meccanico. Perché era Ferragosto!

*

Ogni lingua ha certe caratteristiche graziose. Una del francese, secondo me, è che tutti i parenti acquisiti hanno come prefisso la parola bello o bella. Dunque, *beau-fils*, cioè "bel figlio", per il genero; *belle-mère*, cioè "bella madre", per la suocera; *belle-sœur*, cioè "bella sorella", per la cognata, etc. Carino, non ti pare? Gli equivalenti italiani suonano alquanto sterili. Quelli inglesi, invece, che usano il suffisso *in-law*, cioè "per la legge", suonano assai freddi. Per non parlare del tedesco, e non perché sia "una brutta lingua", come asserisce chi non la conosce per nulla, tuttavia mi tocca proprio ammettere che quei suoi *Schwiegersohn, Schwiegermutter,* etc. sembrano fatti apposta solo per mantenere le distanze!

*

Mi ripeto, forse? Però io con le suocere ho sempre avuto fortuna. Ne ho avute quattro, per così dire: dopo quella prima, vera, francese, ce ne fu una danese e poi due italiane. E tutte mi hanno voluto bene e io a loro. Tre su quattro ormai non ci sono più, fisicamente, ma saranno con me finché vivo e le ricorderò sempre con grande affetto. Madeleine, detta Madý, mamma di Marie-Solange; Esther, mamma di Hanne; la prof Buccino, mamma di Francesca; e Regina, detta *Resi,* mamma di Silva. Perciò per me la parola *suocera* non avrà mai un brutto suono, né una connotazione negativa, in qualsiasi lingua essa venga pronunciata. Sebbene una di loro fosse stata una vera badessa, se non proprio una papessa!

*   *   *

*Roxane piaceva a tutti, non faceva
eccezione nemmeno Madý!
Sullo sfondo, Archer House,
ormai tristemente famosa
per l'omicidio di Peter*

10.

AD MAIORA! OVVERO:

LA VITA MIGLIORA?

Quella, di certo, era stata la mia speranza, nel compiere la storica quanto audace mossa. Oggi non credo che lascerei un lavoro sicuro, benché noioso, come quello che appunto ora svolgo, da archivista, per una bell'avventura nell'ignoto, per interessante che essa potesse essere, allettante, magari anche molto meglio remunerata. Ma va bene così: è giusto avere più coraggio da giovani, altrimenti non si combinerebbe nulla. Da vecchi, al contrario, sappiamo troppe cose su tutto ciò che può andare storto e si diventa così più prudenti. E va bene così, perché forse si ha anche più voglia di tranquillità, che di avventura. Ma non a trentasei anni, quando andai invece molto volentieri incontro a quella mia nuova avventura! Ed ebbi quasi subito la conferma che era stata una scelta giustissima, perché le mie entrate aumentarono in maniera notevole. Tutto però ha un prezzo, nella vita, e così, oltre al conto in banca, aumentai anch'io di una decina di chili in pochi mesi! Sì, 10!! Perché ora non scorazzavo più ovunque su biciclette più o meno scassate, ma lavoravo da casa e stavo seduto davanti ad un PC per ore ed ore ed ore. Tuttavia, partito a quota settantacinque, a ottantacinque kg non facevo ancora brutta figura!

*

Ho detto PC? Sì, nel 1987 possedevo infatti già un *personal computer,* uno dei primi cloni del PC dell'IBM, che a quell'epoca costava un occhio. Un certo imprenditore, di nome Alan Michael Sugar, aveva fondato la sua AMSTRAD e così passò dagli aspirapolvere ed affini ai PC, e mise sul mercato quella macchina che, a circa 500 sterline, se non ricordo male, sembrava abbordabile. Così ne prenotai subito una e poche settimane dopo fui uno dei primi traduttori a lavorare con un PC, anziché una macchina da scrivere. I miei colleghi meno lungimiranti dovettero poi attendere diversi mesi, perché i PC erano andati a ruba. Benché io di macchina da scrivere ne avessi avuta una di gran lusso: una Olivetti elettronica ET111, a margherita! Che era in grado di tornare indietro di circa mezza pagina A4, per correggere. Già un bel passo avanti. Avendo però scoperto in ufficio le potenzialità del computer, non esitai nel fare quell'acquisto. Quello dell'ufficio era un ICL e i floppy erano davvero "mosci", misurando ben 8 pollici x 8 (20 cm). Molto delicati, dunque, e bisognava perciò maneggiarli con estrema cura. L'AMSTRAD usava già invece, come l'IBM PC, dischetti da 5 pollici e ¼ (13 cm). Siccome l'hard disk costava un bel po' di più, ma si poteva anche aggiungerlo in seguito, optai per la versione di base, con due unità floppy. Oggi può far ridere, ma si lavorava così: accendevi il PC, con il sistema operativo DOS su un dischetto. Caricato quello, inserivi un secondo disco, contenente il programma WordPerfect, mentre nel secondo drive inserivi un disco dati, su cui salvavi il tuo lavoro. Imparai subito a mie spese che cosa significhi fare regolarmente un backup serio! Allora mi procurai perfino dei dischetti di marche diverse ed imparai a salvare le traduzioni su più dischi e rinominandole progressivamente. Leggera paranoia? Forse, ma da quella prima volta, non ho mai più perso dati! *Melius abundare ...*

*

L'Amstrad PC1512

Di Amstrad_1512_DD.jpg: KoS derivative work Ubcule (talk) -
https://commons.wikimedia.org/w/index.php?curid=16670481

Così attrezzato, potevo ora anche essere molto
più produttivo, ed infatti aumentai rapidamente
la mia clientela. Rinchiuso però ogni giorno per
ore ed ore nel mio ufficietto con vista sul Tamigi,
in quella terza camera da letto, che aveva visto
diversi ospiti, perlopiù molto graditi, con solo un
paio di eccezioni, la vita sarebbe potuta diventare
un tantino monotona. Sebbene non fossi un
eremita. A parte la famiglia, ero anche già allora
collegato con il mondo. Possedevo perfino un
modulatore-demodulatore, un *modem,* quando la

maggior parte dei colleghi ancora non sapeva nemmeno che cosa fosse. E bisognava saperlo usare quello, perché, per poter inviare oppure ricevere dei dati, bisognava prima cambiarne le impostazioni, manualmente! Fui così anche uno dei primi a consultare spesso il dizionario online Eurodicautom, in Lussemburgo, per la verifica dei termini tecnici. Mi ero fatto nel frattempo una buona cultura informatica, studiando per conto mio da vari libri e riviste. Ne sapevo ormai almeno quanto bastava per tradurre con cognizione di causa testi anche abbastanza tecnici.

*

Però noia e monotonia non hanno mai avuto vita lunga, da me! 'Il pericolo è il mio mestiere' era il titolo di una trasmissione televisiva che andava in onda quand'ero ragazzino. Per ricordarsela, però, bisogna essere vecchi, almeno quanto lo sono io! Comunque, le avventure non si sono mai fatte attendere a lungo, nemmeno nei periodi più calmi e tranquilli della mia vita. Le *dis*avventure, nemmeno loro! In una grande metropoli come Londra, poi, basta uscire di casa e andare un poco in giro. Anche senza fare nulla, prima o poi qualcosa ti capita. Se poi sei uno che volentieri si lascia coinvolgere e non si tira indietro nemmeno davanti a situazioni potenzialmente complicate o perfino pericolose, allora si può essere certi che presto qualcosa succederà. Abitando proprio in riva al fiume, a volte l'avventura, magari anche macabra, veniva a trovarmi a casa mia, senza che dovessi nemmeno uscire. Come quel giorno che, con l'abbassarsi della marea – forse non sai che il Tamigi è interessato dalle maree, per parecchi chilometri dell'ultima parte del suo corso – mentre guardavo dalla finestra, in un momento di riflessione, magari mentre cercavo ispirazione per la parolina giusta, scorsi nell'acqua quello che sembrava un sacco nero, di quelli grandi per le immondizie. Era rimasto impigliato in un ferro che spuntava dall'acqua. Pensai a qualche idiota che avesse gettato appunto dei rifiuti in acqua. Che disgraziati, ora che da qualche anno il fiume era ridiventato pulito e che vi erano state infatti già trovate oltre cento specie diverse di pesci, compreso il salmone, che notoriamente cerca solo acque pulite!

Chiatte sotto casa mia. Un fiume molto sfruttato,
il Tamigi, anche per traffico commerciale di ogni genere

Ripresi a lavorare, ma fui interrotto pochi minuti dopo dalla sirena di una lancia della polizia fluviale, che stava arrivando a tutta birra e puntava proprio in direzione delle mie finestre! Si fermarono vicino a quel sacco, che qualcuno doveva aver segnalato, ovviamente. Mi sembrava però un poco esagerato arrivare a 12-15 nodi e a sirena spiegata, per un sacco di *monnezza!* I due poliziotti "acquatici" si diedero subito da fare, ma impiegarono parecchi minuti, per liberare il sacco da quello strano ferro, conficcato nel letto del fiume. Poi, a fatica, lo tirarono finalmente a bordo. Chiamai mia moglie, che accorse subito. *"Oh, my God, Guido, it's a body!!"* Sì, era un corpo, infatti, di uomo, piuttosto corpulento. Altro che immondizia! Era il suo sedere, dentro un pantalone nero, o comunque scuro, quello che era sembrato un semplice sacco. Una scena poco rallegrante, che non si dimentica più. Chissà chi era quel povero disgraziato e come era morto e da dove il Tamigi lo aveva portato fin sotto le mie finestre? Quel ferro rimase poi a lungo conficcato là, a memoria del momentaccio. Mi sembrava ogni volta di rivedere la scena daccapo. Mi aveva stupito il fatto che la polizia non lo avesse rimosso, come pericolo per la navigazione. Un giorno però il misterioso ferro non c'era più: era sparito così, assai misteriosamente, proprio come misteriosamente era comparso. Sembrava quasi che fosse stato messo là apposta, per fare in modo che quel poveraccio venisse almeno ritrovato. *Requiescat in pace!* Ma chissà poi se "dopo" davvero si trova la pace. Se "di là" non vi è più nulla di nulla, allora potrei immaginare che forse anche sì.

*

Diventato un poco più ricco, mi ero perfino concesso il lusso di un'auto seria. Avevo avuto una Škoda S100 verde-azzurrina, modello dei primi anni Settanta. Sì, una di quelle strane bestie con il motore posteriore! Come la vecchia Fiat Cinquecento, per capirci. Un'altra curiosità era che il nome della marca – che correttamente si pronuncia *Sc*-koda – significa "peccato"! Lo sapevi? Parola ceca, il cui significato ho scoperto solo in tempi recenti dalla mia ex collega Maria. Per un breve periodo, avevo poi avuto, dopo la Škoda, una Citroën GS, anch'essa azzurrina. Non era male, bella comoda e capiente. Così potevo ora portare la famiglia a fare qualche picnic in campagna o nel grande parco di Richmond, dove vivono grandi branchi di cervi e daini, in completa libertà, luogo che non distava più di una mezz'oretta d'auto dal nostro quartiere londinese di Battersea. Quando però la portai in concessionaria per farmi fare un preventivo per sostituire le sospensioni idropneumatiche, ebbi una gran brutta sorpresa: l'intervento costava un accidente! La concessionaria però mi avrebbe offerto un buon prezzo, se ne avessi presa una di più nuova, qualsiasi modello. Così il giorno dopo ritornai e presi una Citroën BX rosso Ferrari, finanziata con un prestito della banca. L'unica volta che una banca è riuscita a fregarmi. O una concessionaria d'auto. Non ci sono cascato mai più. Quella bella BX ce la siamo tuttavia goduta, andando anche in Italia, dove la prima volta eravamo arrivati addirittura con una Fiat 127! Che era arrivata fino a Bergamo senza problemi, ma là cedette il diaframma della pompa di alimentazione della benzina. La BX era una bella macchina, che però non mi portò fortuna. Così finii per svenderla, anche perché mi servivano i soldi, ma soprattutto per liberarmi di un oggetto che mi ricordava costantemente di un fattaccio che mi aveva quasi rovinato la vita! Salvata in tempo da un cucciolo di cane!!

La Škoda S100 Greensted

By Charles01 CC BY-SA 3.0,
https://commons.wikimedia.org/w/index.php?curid=3860602

Imparai, credo, proprio da quella terribile lezione che, quando le cose vanno male, si può essere anche abbastanza sereni, nella certezza o quasi che tutto si aggiusta, che è solo una questione di tempo. Quando invece tutto sta andando a gonfie vele, come si diceva una volta, è allora che bisogna stare in guardia, perché qualche piccola o grande catastrofe è probabilmente in agguato dietro il prossimo angolo. (Proprio come ora, in questo periodaccio della cosiddetta pandemia, programmata da tempo e anche già perfettamente orchestrata, anche se i più ancora non ci credono!) Perché così va la Vita, un continuo susseguirsi di cicli, di alti e di bassi, di vittorie e sconfitte, di soddisfazioni e delusioni, di gioie e tristezze. Proprio ora, cioè allora, infatti, andava tutto così bene: avevo una bella moglie, due bei marmocchi, che crescevano bene e non ci davano problemi di sorta (non ancora) e un lavoro che mi piaceva e mi appagava. E mi pagava anche bene! Continuando a studiare per conto mio, mi ero creato un buon bagaglio di conoscenze, oltre che nell'informatica, anche nel campo elettrico e della meccanica. Traducevo pertanto testi di manuali per macchine utensili, manuali d'officina per automobili, oppure manuali dell'operatore o del manutentore di macchinari complicati, come le confezionatrici di sigarette, che un'azienda inglese, la Molins, forniva ai Monopoli di Stato italiani. Lavorai per quasi tutte le marche automobilistiche, dalla Ford alla Vauxhall, dalla Mini alla Rolls-Royce. Insomma, mi ero ormai guadagnato una reputazione come traduttore tecnico serio. Nel frattempo, avevo inoltre anche collezionato una lunga sfilza di qualifiche come traduttore tecnico – e questo in barba alla mia naturale inclinazione, che tendeva piuttosto verso il letterario – e facevo anche parte dell'*Institute of Linguists*, dell'*Institute of Translation and Interpreting* e, in Italia, dell'Associazione Italiana Traduttori ed Interpreti. Tutte appartenenze ottenute per avere in ciascun caso superato gli esami di ammissione previsti. Figuravo perciò in tre albi professionali. Del tutto normale dunque, che una ditta di Mestre, Venezia, avesse potuto trovarmi. Cercavano non un traduttore, bensì un interprete che avesse però competenze tecniche, per una missione piuttosto singolare: per la tipologia di intervento previsto, ma anche perché il lavoro si sarebbe svolto esclusivamente durante la notte! Prometteva di essere una vera avventura questa cosa, perciò come resistere ad un invito simile? E inoltre la notte era retribuita a tariffa doppia!

Richmond Park, oltre mille ettari di verde tranquillità, con cervi e daini in libertà, a soli 11 km da casa

Accidenti, qui però sto facendo un salto in avanti di qualche anno! Prima che mi capitasse quella vera catastrofe, che non solo quasi mi rovinò la vita, ma che per poco non vi metteva proprio la parola *FINE,* successero diverse altre avventure, più o meno simpatiche, tuttavia assai meno perigliose. Traducendo dei testi tecnici dal mio studiolo, sia pure con bella vista sul fiume, non potevano capitarmi troppe avventure, salvo quella che ti ho già raccontata. Però siccome, anche per non annoiarmi troppo a stare sempre in casa, avevo nel frattempo iniziato a diversificare anche nel campo dell'interpretariato, andando in giro con vari clienti e nei contesti più disparati, allora sì che capitava spesso, se non sempre, di trovarsi in situazioni emozionanti! Come accadde quella volta, in un enorme cantiere edìle nella City, che era allora il centro finanziario per eccellenza, un'importanza perduta ora, in seguito a quella operazione che tuttora mi lascia perplesso. Ma forse hanno ragione i britannici e anche l'Italia dovrebbe scrollarsi di dosso questa nuova Europa che tradisce tutto ciò che era nelle intenzioni originali dei Padri dell'Europa, di quell'Europa che noi, da bravi "giovani dalle belle speranze" avevamo tanto sognata e anche goduta poi, almeno per alcuni anni, sia pur troppo pochi.

*

A contattarmi fu dunque una grande impresa edìle, costruttrice di un enorme palazzone di dieci piani. In quel bellissimo, elegante edificio, tutte le finiture erano della migliore qualità: dal legno, agli ottoni, ai marmi. Ovunque, erano stati usati soltanto marmi pregiati di Portoro o Portovenere. L'architetto dell'imprenditore si lamentava ora di certi difetti che, secondo lui, presentavano alcuni pezzi di quei marmi, cioè dei pannelli murali. Dei pavimenti in marmo Calacatta bianco di Carrara, si diceva invece completamente soddisfatto. Fatte le dovute presentazioni nell'atrio, ed esposto in poche parole il problema, fu annunciato che la discussione dettagliata sarebbe ora continuata di sopra, nell'ufficio del cantiere. Io per "di sopra" avevo capito in uno dei piani superiori dell'edificio stesso. Mi sbagliavo, come ebbi modo di scoprire pochi minuti dopo. Perché uscimmo dall'atrio e poi "Dobbiamo salire lassù", disse l'architetto, consegnandoci un casco e puntando il dito in su, verso una specie di container, che mi sembrava molto precariamente appollaiato sull'impalcatura, in corrispondenza del sesto o forse settimo piano! Lassù? pensai. Ed ebbi un attimo di panico. Mi venne in mente come avevo scoperto che il vuoto mi spaventava, pulendo le finestre di quella casa di riposo per ex militari e marinai, a Richmond Hill. Ricordi? Non solo, ma pensai anche al mio carissimo zio preferito, lo zio Aldo, precipitato proprio da un'impalcatura simile, a Lugano, nel 1971. Sì, quello zio molto speciale, che forse era anche più di uno zio. Una storia che forse un giorno finirò per raccontarti ...

*

*Nelle grandi stazioni londinesi, mi chiedevo
come facessero a lavorare, lassù, quegli
uomini-ragno della manutenzione*

Dovetti farmi coraggio, anche perché siamo uomini o topi? Come recita una famosa frase inglese, oppure in italiano: siamo uomini o caporali? Ormai ero in ballo e bisognava ballare, perché ne andava anche della mia reputazione professionale: non potevo abbandonare il campo così, perché le due parti, senza di me, non avrebbero combinato nulla. Qui noi, da italiani, abbiamo sempre fatto brutta figura con l'inglese, che a quell'epoca nessun imprenditore, grande o piccolo, parlava. Mi sono trovato più volte in situazioni in cui erano presenti persone di vari paesi e sai quale era sempre l'unico visitatore ad avere bisogno dell'interprete? Se la cavavano tutti, più o meno bene, turchi ed africani vari, arabi e giapponesi. Ma l'italiano, mai. Qualcuno di loro me lo confessò perfino che un poco si vergognava!

Camminare su quelle assi, che saranno anche state super sicure, ma che io percepivo come traballanti sotto i mie passi, non fu divertente, ma feci buon viso a cattivo gioco. Dovevo! Seduto poi dentro l'ufficio, mi tranquillizzai abbastanza. Tuttavia, nemmeno la riunione fu facile e c'era, anzi, parecchia alta tensione, che andava anche aumentando. Accadeva spesso che i miei clienti mi chiamassero quando il problema era già come certi formaggi, come il Brie o il Camembert, che sono buoni quando cominciano a puzzare, ma non bisogna lasciarli andare troppo oltre. Così io entravo in scena quando la situazione era già scabrosa. Si erano a volte anche già incontrate le parti, cercando di cavarsela, poveri illusi, senza un interprete! Mi trovavo così a dover fare non solo da interprete, bensì anche una specie di presidente della seduta, se non addirittura il casco blu dell'ONU! Un ruolo che, ovvio, non mi competeva affatto, che però sembrava come tacitamente o implicitamente previsto e che, con calma e sangue freddo, mi riusciva anche di svolgere piuttosto bene. Una frase che usavo spesso era: "Signori, per cortesia, se parlate tutti insieme, specialmente se urlate, come faccio io ad interpretare?" Allora quei signori si rendevano conto che stavano esagerando, da ambo le parti, di solito, e qualcuno suggeriva una pausa caffè. Hanno mai apprezzato tutto ciò che facevo per loro, ben oltre il mio dovere, quei clienti? Credo di sì, perché poi mi richiamavano.

Quel secondo giorno, l'incontro si concluse con un sopralluogo in cantiere, dove si arrivò ad un compromesso. Il fornitore italiano del marmo riuscì a convincere l'architetto, nella maggior parte dei casi, che quella era in realtà la bellezza naturale di una materia viva come il marmo, non un difetto. Acconsentì tuttavia a sostituire invece gratuitamente alcuni dei pannelli più controversi. Insomma, al termine della mattinata, entrambe le parti erano abbastanza soddisfatte e fummo tutti invitati a pranzo dall'architetto, in un elegante ristorante della City, lì a pochi passi. Questa nell'interpretariato rischia anche di essere una fregatura, perché, con la scusa che ti offrono il pranzo, i clienti si assicurano la tua presenza come interprete, per non avere un pranzo muto. Allora, a seconda dei casi e della tariffa pattuita, bisognava a volte essere chiari e dire subito: grazie, volentieri, però sappiate che il tempo che ci vorrà ve lo metterò in conto. Di solito non era un problema. In quel caso, ero stato ingaggiato per mezza giornata, per cui, avendoci impiegato molto di meno, era già tutto risolto.

*

"Piacere, dottor Comin, sono Laura Mocellin!" "Piacere mio, veneta forse?" "Certo, sono di Bassano del Grappa. Veneto dunque anche Lei, immagino? Guarda un po' dove ci si ritrova." Era la titolare di una piccola azienda artigianale, ereditata dal padre, la signora, bella, simpatica, ma anche tosta, come poi si dimostrò. Io ero stato ingaggiato dalla United Distillers, che era una nuova società scozzese, creata da poco dalla Guinness (sì, quelli della celebre birra scura!), attraverso la fusione di due altre società esistenti. Tutto questo mi spiegavano, come introduzione, quei signori, che producevano e vendevano, tra gli altri prodotti, alcuni whisky molto pregiati, che venivano commercializzati anche in confezioni regalo di fascia alta, in cui la bottiglia faceva bella mostra di sé da dentro un'elegante cassettina di legno di ramino. Un raffinato prodotto artigianale della ditta della signora bassanese, appunto. Gli incontri più spinosi erano sempre quelli in cui c'erano di mezzo concetti soggettivi di estetica o bellezza. Nelle fabbriche o laboratori, era tutto molto più semplice, perché una macchina o faceva oppure *non* faceva quello che avrebbe dovuto fare, e fare anche molto bene, anzi, alla perfezione, visto che costava parecchi soldi. Si trattava di individuare i problemi e trovarne poi le soluzioni. Punto.

Quando però, come nel caso dei marmi di Carrara nella City, c'era di mezzo una questione estetica, allora le parti non erano quasi mai d'accordo e non per nulla interpellavano ora l'interprete. Ma sempre troppo tardi, quando cioè erano già in disputa! Quel giorno ad Hammersmith – a due passi da quella chiesa della Santissima Trinità, dove nel 1974 ci eravamo sposati, Marie-Solange e io – alla signora Mocellin veniva contestata dal mio cliente la poca uniformità del prodotto, cioè di quelle sue graziose scatolette di legno pregiato. La United Distillers diceva che quella linea di prodotti di lusso aveva un'immagine che doveva essere di prodotto di altissimo livello, ma anche avere un aspetto abbastanza uniforme. Troppo marcate le differenze tra una cassettina e l'altra, secondo loro.

197

La bassanese si era portata dietro dei campioni di lastre di ramino, di cui ora si serviva per illustrare come, anche nello stesso pezzo, ci fossero già differenze notevoli di aspetto, sia nella grana che nella colorazione. Che tutto questo era caratteristico del legno, di tutti i legni, e che proprio lì stava la bellezza del materiale naturale, rispetto ai materiali fabbricati. Quei due signori però – uno del marketing, l'altro del controllo qualità – non ci sentivano proprio. La donna spiegò loro inoltre che, per offrire una tale uniformità, peraltro non impossibile da realizzare, lei avrebbe avuto degli scarti davvero eccessivi, che avrebbero perciò comportato la negoziazione di nuovi prezzi, alquanto più elevati. Lei sarebbe stata altrimenti costretta, benché a malincuore, a rinunciare alla fornitura. Era molto sicura di sé e molto decisa quella signorina.

Un ottimo scotch il Chivas Regal,
preferito del mio maître istruttore a Trento,
l'elegante Pier Paolo Paci! Ti ricordi di lui?

Dico "signorina", perché era anche molto giovane. So che oggi non si usa più, ma io faccio fatica a rivolgermi ad una ragazza, che potrebbe magari essere quasi mia nipote, apostrofandola con un "Signora"! Anche in tedesco è ormai praticamente proibito usare il termine *Fräulein*; bisogna dire *Frau!* A una collega ventenne? Per fortuna ci si dà oggi, molto più di un tempo, facilmente del *Du*, cioè del tu, risolvendo così questa, che considero una delle tantissime idiozie del "politicamente corretto"! Come quella di esordire sempre, nei discorsi ad esempio, con un "Care colleghe e cari colleghi"!! Per non essere maschilisti e sessisti? Ma che stronzate! Il rispetto per le donne è ben altra cosa e lo si dimostra con i fatti, ad esempio pagandole come gli uomini, a parità di lavoro. La signorina Mocellin, invece, non aveva bisogno di paladini o difensori. Ormai quasi esasperata, mi disse, in un tono molto deciso, che non lasciava spazio a dubbi: "Dottor Comin, traduca per cortesia *parola per parola* ciò che ora le dirò! Signori, se volete un prodotto uniforme a tal punto, vi posso offrire delle bellissime cassette di legno di abete laccato, in qualsiasi colore di vostra scelta, le quali cassette saranno così tutte perfettamente identiche. Forse è di questo che avete bisogno, mi pare di capire. Traduca pure!" Tradussi, anzi: interpretai, più correttamente. (Questa è una distinzione che pochi conoscono o rispettano: il traduttore lavora per iscritto; se lo fa a voce, si chiama interprete.) Anche quel giorno dovetti fare da paciere, ma l'incontro si concluse tuttavia con un niente di fatto, con entrambe le parti insoddisfatte. Gli inglesi avrebbero dovuto discuterne con gli alti ranghi della loro azienda. Avrebbero gradito poter tenere quei campioni di ramino, almeno uno, per illustrare la cosa ai loro superiori. Nessun problema.

*

Mesi più tardi, mi richiamarono. "Abbiamo di nuovo bisogno del Suo prezioso aiuto", mi dissero, "per quella storia che Lei già conosce." Ero però purtroppo già prenotato altrove, cosa che succedeva di rado, perché una traduzione potevo sempre metterla da parte per una mezza giornata, ma si trattava di altro interpretariato. Potevo consigliargli qualcuno? Così sui due piedi, no, ma ci avrei pensato un momento e li avrei poi richiamati. Mi venne allora in mente una collega traduttrice, italiana, che mi diceva che ora faceva anche l'interprete. Aveva la reputazione di essere una brava traduttrice. La chiamai, le interessava, grazie mille. Al cliente poi dissi che non garantivo però per la collega, di cui conoscevo solo il lavoro come traduttrice. E bene feci, ad offrire loro questo *caveat*, altrimenti la figuraccia l'avrei fatta anch'io. Fu la collega stessa a raccontarmi, alcuni giorni più tardi, di come la riunione fosse stata un vero disastro, che tutti avevano iniziato ad alzare la voce, fino ad urlare, e che la cosa era dunque diventata del tutto ingestibile. Per cui lei aveva detto che, vista la situazione, non poteva fare altro che andarsene. E lo fece. Mi dispiaceva per lei, ma capivo, perché avevo fatto fatica anch'io, la prima volta. E mi dispiaceva davvero per lei, però ricordo bene che provai anche una qualche sorta di (forse perversa?) soddisfazione, perché l'accaduto dimostrava che ero diventato piuttosto bravetto, nel gestire quelle situazioni scabrose. Non è così facile il lavoro di interprete di trattativa! Chi si loda s'imbroda? Ogni tanto però, fa anche bene al nostro ego regalarci da soli qualche complimentino, a patto di non esagerare.

*

Mi capitava di pensare che ne avevo fatta di strada, da quella mensa di cassa di risparmio, fabbrica di alimentari e mutande dei clienti! Ero diventato ora un professionista serio, preparato, competente, apprezzato e rispettato. Anche ben pagato, perché a quei tempi non esisteva tutto questo odierno mercanteggiare o discutere sulle tariffe, come in un mercato di strada. Uno dei motivi per cui finii per rinunciare a quel lavoro, per ritornare ad una precarietà anche maggiore, come insegnante di lingue in scuole private, in Italia, dovendomi poi inventare qualcosa di nuovo, ogni anno, per i mesi estivi: da cuoco in un rifugio di montagna ad interprete di pronto soccorso o portiere di notte in un hotel al mare. A quei tempi inglesi, invece, il lavoro di traduttore rendeva bene e se io non me la cavavo meglio, finanziariamente, questo era dovuto al fatto che in famiglia ero il solo a lavorare. Mia moglie, in tutti quegli anni, lavorò solo per brevi periodi e la vita a Londra è sempre stata cara. Per mantenere da soli una famiglia di quattro, bisognava dunque guadagnare molto bene. Però, tutto sommato, non si viveva proprio malaccio e ci permettevamo ogni tanto anche qualche piccola vacanza, in luoghi splendidi come la Cornovaglia o il Galles, che finii per amare veramente, al punto da volermici trasferire. Ebbi così la fortuna e il grande piacere di conoscere quella bellissima famiglia di Lesley e Alec Howie, con le loro splendide tre figliole, Victoria, Clare e Samantha. E i tre simpatici ma spietati cani Jack Russell, che scovavano i coniglietti selvatici e se li pappavano tutti interi, completi di ossi, pelliccia e tutto, vomitandoli poi più tardi davanti al cottage, con grande orrore dei miei marmocchi, forse troppo cittadini. E l'enorme scrofa Priscilla e il pony un poco scontroso, di nome Willy, e le capre matte. Appena fuori da un delizioso paesino, Llanbedr, in un tranquillo angolo del Gwynedd, nel nord del Galles, dove le pecore erano molto più numerose delle persone e le poiane venivano a posarsi sfacciatamente sui muretti a secco della piccola fattoria, anche loro a caccia di coniglietti freschi di stagione. E fino a lassù erano arrivate perfino le legioni romane! Forse allora stavo già invecchiando, o forse mi stavo solo stancando del grande trambusto di Londra, perché quei luoghi mi incantavano davvero. Faticavo perciò sempre a ripartirne, infatti. Ma il dovere mi richiamava a Londra. Vero che si poteva fare tutto anche da lassù, volendo, con le tecnologie ormai a nostra disposizione, però con i clienti bisogna mantenere un contatto reale, umano, non solo telematico, per tenerseli buoni, come ebbi modo di scoprire a mie spese in seguito, quando poi mi trasferii in Danimarca.

*

*Il Gwynedd, nel nord del Galles: un'isola di pace,
almeno a quei tempi, ma credo tuttora*

Back to London! A Londra, sì, in quella Londra di
cui un uomo, che fosse culturalmente anche solo
minimamente esigente non poteva mai stancarsi,
come scriveva a suo tempo Samuel Johnson, di
cui già ti raccontai. Dove mi attendevano anche
nuove avventure. E *dis*-avventure! Come quella
che aspettava proprio me un bel giorno di
primavera, in riva al Tamigi, ma sul lungofiume
della riva opposta, dunque in quel quartiere di
Chelsea, ben più famoso della mia assai modesta
Battersea, sulla riva destra. Ma come, qual è la
riva destra e quale la sinistra?! Guardando il
fiume secondo corrente, ovvio, con alle spalle la
sorgente; la foce, a delta od estuario, davanti a te.
Magari in tempi che sembrano ormai quasi
antichi, si imparavano sicuramente meno cose,

203

fin dalle elementari, ma quelle poche cose le imparavi bene. Oggi mi sembra che la scuola, riflettendo l'andazzo generale odierno di enorme superficialità di tutta la nostra società, propini ai ragazzi (e qui dovrei dire anche "e alle ragazze"?!) solo delle pillole o una vaga infarinatura di tante, troppe cose, che vengono dunque imparate in un modo assai sommario. E i ragazzi che già sono distratti da mille cose inutili e da infiniti stimoli audiovisivi di ogni sorta, a partire soprattutto dell'onnipresente pubblicità. Ma poi pretendiamo che si possano concentrare e studiare? Di oggi la notiziaccia che mi giunge poi di un ragazzo che, per avere rifiutato di indossare la mascherina a scuola, un liceo, ed essersi incatenato alla sedia, è stato rinchiuso in una psichiatria!! Siamo ormai alla follia pura!!!

*

*Oggi non ci abiterei più volentieri,
in tutta quella confusione!*

Non rammento dove fossi stato, ma sicuramente in centro. Casa mia distava cinque miglia (8 km) da Piccadilly Circus, ad esempio, oppure 3,5 miglia da Buckingham Palace, cioè quindici minuti d'auto, con traffico normale. Ma io andavo quasi ovunque in bicicletta, anche ora che avevo l'auto. Più comodo, più veloce e poi perché mi è sempre piaciuto andare in bici, fin da quella mia prima Torpado azzurra da *femmina*, presa così per non aspettare una settimana quella da maschietto! Volavo dunque sulla mia bici lungo il Chelsea Embankment, riva sinistra – *rive gauche*, come a Parigi sulla Senna! – quando vidi già da lontano una cosa strana. Avvicinandomi a tutta velocità, capii presto di cosa si trattasse. Fu una questione di secondi. Saltai giù dalla bici, che continuò la corsa per conto suo, e mi scaraventai su quella ragazza, che tentava di arrampicarsi sul muro dell'argine, che in cima era fatto a forma di fungo, dall'ombrello piuttosto largo. Che fu la sua salvezza! Altrimenti non avrei fatto in tempo ad afferrarla, perché mi era ormai troppo chiaro che lei voleva buttarsi dentro il Tamigi!!

Era piuttosto pesante quella signorina, proprio grassoccia, e stavo perciò faticando parecchio, nonostante fossi forte e robusto, a tirarla giù da dove era ormai riuscita a salire, di pancia! Ma all'improvviso sentii una forza ben superiore alla mia, che tirava indietro me!! Immerso com'ero nell'emergenza, non mi ero accorto che un'auto della polizia, come vidi dopo, si era fermata e ora due poliziotti, grandi e grossi più di me, mi stavano gridando che cosa stessi facendo e di smetterla subito e di lasciar andare la ragazza. Io intanto cercavo invece disperatamente di *non* mollare la presa sulla ragazza, mentre urlavo a mia volta che lei voleva buttarsi in acqua e io cercavo di salvarla! Per fortuna di tutti, capirono subito e mollarono me, per afferrare lei. Anche in due, faticarono non poco a tirarla giù dal muro, perché lei era evidentemente decisa a tuffarsi. Finalmente recuperata la povera disgraziata, si capì subito che era in un forte stato confusionale, ma riuscì comunque a raccontare che era ospite di una struttura lì vicina, a pochi passi da dove era sorta, ai tempi di Enrico VIII, la dimora del suo cancelliere, Tommaso Moro, giustiziato per alto tradimento e santificato poi dalla chiesa di Roma. I poliziotti conoscevano il posto, una struttura per ragazzi con problemi, mi disse uno di loro, sottovoce. Mi ringraziarono e si scusarono per non aver capito subito che cosa stesse succedendo, ma dal loro punto di vista sembrava che io la ragazza stessi cercando di spingerla in acqua, altro che salvarla! Ecco perché è sempre importante non vedere mai le cose da un unico punto di vista, eh? Tu cosa ne pensi?

*

Il richiamo della foresta, o qualcosa di simile, mi faceva sempre ritornare, non appena possibile, in quell'angolino di paradiso gallese, dove, come scrissi in una poesia dedicata alla famiglia Howie, pensai di poter perfino ritrovare me stesso, perché cominciavo ad avere una piccola crisi esistenziale. Lassù però, mi sembrava di poter dimenticare tutto, così problemi e preoccupazioni sembravano davvero sparire, quando mi ritrovavo ad ammirare quelle brulle, selvagge colline, giù fino al mare, dalla scalinata romana. Nemmeno in Italia, dove eravamo stati nel frattempo – e fu quella l'ultima visita dei miei figli da piccoli – mi sentivo così a casa mia come in quel paesaggio a me così congeniale! Complice sicuramente anche l'accoglienza, sempre calorosa, degli Howie. Mi sentivo proprio a casa mia, a Llanbedr (che significa Peter's Church, o Chiesa di Pietro) cosa che non successe in Italia, dove la Genia, mia zia-madre, alla quale pure devo molto, da vecchia mi deluse tantissimo. Sembrava non avere ancora accettato che avessi sposato una straniera, non solo, ma sembrava anche tenere di più alle figlie di mia cugina, che ai nostri gemelli!

*Bucolico scorcio gallese, dove incontravi
molte più pecore che esseri umani*

Invece di essere felice di vedere finalmente i suoi nipotini, che avevano ormai quattro anni, la Genia si lamentava che era così brutto non poter comunicare bene con loro! Per noi, due lingue ci potevano bastare, infatti, in casa. Era stata una decisione che avevamo presa anni prima, giusta o sbagliata, ma a Londra ne avevo conosciuta di gente di famiglie miste, che non parlava bene nessuna delle due lingue. Marco e Pierre andavano perciò dai *santoli*, i miei cari padrini Pina e Italo, che abitavano la casa accanto. Soprattutto Marco, il più loquace, raccontava tutto alla *santola*, a modo suo, in un misto d'inglese e francese, con qualche parola d'italiano appena imparata. La *santola* Pina poi riferiva il tutto a mia madre, in risposta alle sue sciocche lamentele, dicendole di vergognarsi, che il problema era solo lei, che non si impegnava nemmeno un pochino a cercare di capire. Così in Italia non ritornammo più per ben otto anni. L'ultimo viaggio fu quello con la BX, quando i ragazzi avevano ormai dodici anni. Un giorno, invitati a casa degli amici Paolo e Domenica, Marco fece la sua prima esperienza con l'alcol! Non si seppe bene che cosa avesse bevuto il bricconcello, sul prato di quella splendida casa in collina, ma ad un certo punto era visibilmente alticcio!

Ma la cosa che più li colpì, di quella visita, fu quel giorno che, giù sul greto del nostro torrente Mis, affluente del Cordevole, a sua volta affluente del Piave, avevo raccolto con un bastone una vipera. Attento papà, che non ti morsichi! Ma non è velenosa? Sì, ma ora vi faccio vedere una cosa più interessante: secondo voi, lei sa nuotare? La lanciai in acqua e in pochi secondi lei aveva già guadagnato la riva opposta, nonostante che la corrente fosse abbastanza forte. Della visita precedente ricordano ancora oggi, quarant'anni dopo, come la cara zia Emma aveva dovuto "spietatamente" abbattere un gattino, che era finito sotto una ruota dell'auto di Delia, appena partita, essendosi addormentato sopra la stessa ruota! Comunque in seguito ritornammo, più volte e ben volentieri, piuttosto che venire in Italia, nel nostro magico Galles.

* * *

Sullo sfondo, Mount Snowdon,
in inglese, ma in gallese Yr Wyddfa,
(trattasi di due lingue completamente diverse)
la montagna più alta del Galles
a quota 1085

11.

UN SAMARITANO ...

POCO SAGGIO?

Poco saggio? Di aggettivi ne conosco parecchi, credo, e me ne verrebbero anche subito in mente diversi altri, più forti, che potrebbero descrivere molto meglio come mi comportai in quella fresca ma disgraziata mattina di ottobre del 1989. Sciocco? Ingenuo? Stupido? Forse anche peggio, ma poi Giorgio mi bastona, se dico le parolacce. Inoltre, bisogna anche sapersi perdonare, no? Specialmente dopo essersi comunque già abbastanza bastonati, autopuniti. Anche, o forse soprattutto, invecchiando, occorre davvero essere un poco più indulgenti. Sì, anche con se stessi. Perché quello che passai per più di tre mesi fu un inferno sufficiente per poter essere preso in seria considerazione da un qualsiasi giudice con un minimo di senno come parte di "pena già scontata". Soprattutto se si trattasse di un reato mai commesso!

Ti avevo già accennato, ricorderai, di un'azienda mestrina che mi aveva voluto ingaggiare come interprete, per una certa missione davvero molto speciale: una missione notturna! Si chiamava Rotrametro l'azienda, ma chissà se esiste ancora oggi. Immagino infatti che sia stata nel frattempo probabilmente acquisita da un qualche grosso gruppo americano, visto che già allora gli americani avevano espresso un forte interesse. Perché quella piccola azienda aveva sviluppato una macchina molto speciale, con una tecnologia rivoluzionaria, prima ed unica al mondo. Si trattava di una rettificatrice per binari ferroviari, un tipo di macchina che esisteva già da molti anni. Questa però vantava una costruzione del tutto nuova, perché, anziché utilizzare una batteria di mole a tazza di tipo tradizionale, montate ad angoli diversi, in modo da ripristinare quella tipica forma a fungo della testa della rotaia, la nuova macchina aveva un'unica ruota a settori snodati. Ognuno di questi montava in testa una pastiglia abrasiva e lavorava sulla rotaia da una posizione perpendicolare ad essa. Ti sembra un po' troppo tecnico tutto questo? A quel punto io avevo però già accumulato, con le traduzioni, una certa esperienza di macchine utensili e comunque già da giovanissimo avevo imparato alcuni principi di meccanica di base da mio zio-padre Guido, idraulico. Ricorderai che andavo spesso a fargli da assistente. Mi stupii dunque non poco, quando dovetti spiegare io a quell'idiota di un sedicente "ingegnere" americano come facevano i settori della ruota ad andare ad abradere quel durissimo acciaio del fungo, visto che sembravano penzolare lì senza vita! Semplice, gli dissi: con la forza centrifuga, sviluppata dalla ruota, una volta che questa aveva raggiunto la velocità di lavoro.

*

Un odierno treno con impianto di rettifica dei binari
©2021 Loram Maintenance of Way, Hamel, MN, USA

A trovarmi per l'incarico, attraverso uno dei miei albi professionali, fu un ingegnere genovese, un certo Cavallini. Mi spiegò in che cosa consistesse il lavoro. Avremmo dunque passato diverse notti su alcune linee della metropolitana londinese. Poi, anche sui binari serpeggianti della *Docklands Light Railway,* l'allora avanguardistico trenino che percorreva, senza macchinista, tutta la zona del vecchio porto di Londra, da anni un grande cantiere di sviluppo e rivalutazione del territorio, con futuristici grattacieli e modernissimi edifici, che ospitavano soprattutto uffici, tutto questo in un contesto simile ad una piccola Venezia, con l'acqua sempre presente ovunque, tra il Tamigi e un'intricata rete di canali. Se visiti Londra, una gita particolare che pochi conoscono consiste appunto nel prendere quel trenino, accanto al Tower Bridge, e andare fino al capolinea opposto, dove scendere e prendere il tunnel pedonale che passa sotto il Tamigi, per emergere sulla sponda opposta, a Greenwich (pronuncia Grènicc), dove si può subito ammirare il *Cutty Sark*, il famoso *clipper* a tre alberi da quasi mille tonnellate di stazza, costruito in Scozia verso la metà del 1800, un veliero che trasportava il tè dalle Indie. Poi, si può proseguire in su, verso l'osservatorio, anche più famoso, in cima al colle, dove una fascia (di ottone?) segna il punto preciso di passaggio del celeberrimo meridiano. Volendo, ai piedi della collina si può fare anche visita al *Maritime Museum*, molto interessante.

Marco e Pierre, marinaretti
a bordo del veliero Cutty Sark

Ma ritorniamo all'ingegner Cavallini. Tutto il lavoro, mi spiegava, sarebbe stato svolto di notte, solo di notte, cioè in quelle brevi ore di chiusura del metrò e del trenino del porto. Il mio ruolo principale sarebbe stato quello di garantire una comunicazione puntuale e precisa fra i due operatori della macchina rettificatrice e il personale ferroviario. La rettificatrice, montata su un piccolo vagone o carrello, veniva trainata da una piccola locomotiva. Gli operatori parlavano pochissimo l'inglese, per cui era stata l'azienda di trasporti pubblici londinese *London Transport* a porre l'obbligo che fosse sempre presente un interprete, soprattutto per motivi di sicurezza. Ci sarebbe stata poi forse qualche visita da parte di persone interessate a questa nuova tecnologia, nel qual caso avrei fatto da interprete anche tra loro e gli operatori italiani. Tutto chiarissimo. Fu concordata la tariffa, a notte, basata su quella diaria x2, come era normale a quei tempi. Ci sarebbe stato prima di tutto un breve corso sulla sicurezza, durante il quale imparai anch'io ad utilizzare uno strano marchingegno in misto legno e metallo, che serviva a cortocircuitare l'alimentazione a terzo binario della *underground*, o *tube*, come viene comunemente chiamata la metropolitana londinese, in caso di emergenza. Con ben 420 V di corrente diretta, non sono mai troppe le precauzioni. Come già ti dicevo, il pericolo ha fatto a volte parte del mio mestiere! Durante quelle ore di lavoro, l'alimentazione su quella tratta della linea era comunque isolata, ma non si sa mai. Constatai subito con piacere che la sicurezza era considerata una priorità assoluta.

L'avventura notturna iniziò però di giorno. Gli operatori volevano capire in anticipo quale fosse lo stato delle rotaie sul posto da rettificare. Questi interventi servivano a ripristinare il profilo a fungo della rotaia che, con l'usura, si appiattisce, con conseguente usura anomala delle ruote dei treni, che sono costosissime da sostituire. Per i passeggeri, tale usura significa una corsa in metrò stridente e fastidiosa. Tutto questo gli operatori mestrini erano in grado di capirlo durante un breve giretto in treno sul posto dove intervenire. Queste operazioni consentivano la posticipazione della sostituzione delle rotaie. Saliti dunque sul treno insieme al conducente, accompagnati da un loro tecnico, potemmo goderci l'ebbrezza che si prova quando il treno si lancia dentro il tubo nero a tutta velocità! Ricordi come scoprii che mi dava molto fastidio il vuoto, pur riuscendo a tenere sotto controllo quella paura, prima lavando finestre e poi in quel cantiere della City?

*

Un buco assai nero e alquanto inquietante,
al primo impatto!

Ecco, quel pomeriggio, sul treno, mi resi conto
che ero anche leggermente claustrofobico! Anche
qui, troppo tardi per tirarsi indietro, tuttavia la
cosa era, sinceramente, alquanto impressionante,
perché ti sembrava di precipitare dentro un buco
nero!! Quei treni hanno una velocità massima di
oltre 60 miglia orarie, dunque quasi 100 km/h.
Quella sera tuttavia, quando ci trovammo dentro
il tunnel con il nostro trenino, l'impatto fu molto
diverso e capii subito che potevo farcela. Infatti,
anche i tunnel ridotti delle linee più profonde,
come la Piccadilly Line, hanno comunque
un'altezza minima di circa 3,5 metri, per cui,
standoci dentro in piedi, il buco non sembrava
così piccolo né terrificante.

Potrebbe sembrare strano, perché il lavoro grosso lo facevano, ovviamente, i due operatori, ma io dovevo tenere sempre informate le due parti di qualsiasi manovra imminente, proprio minuto per minuto, dunque avevo in realtà parecchio da fare. Indossai quella notte, per la prima volta, oltre alle cuffie protettive, una mascherina, indispensabile perché la polvere di rettifica era notevole, anche se bastava fare attenzione alla direzione della corrente d'aria, per salvarsi. Anche le cuffie di protezione erano tassative. Si iniziava dopo l'una di notte, lavorando per tre ore, per cui era un turno breve, tutto sommato. Le notti e i giorni passarono in fretta e il lavoro per il metrò fu presto completato. Ora ci restava la piccola ferrovia telepilotata, nel vecchio porto. Là era ben altra cosa però, perché quella è tutta all'aperto, dunque niente spaventosi tunnel bui! Anche lì, arrivammo alla penultima notte di lavoro e stavo giusto rientrando a casa, di mattina prestissimo, in quella mia BX rosso Ferrari, quando il diavolo era là in agguato, sul lungofiume, e sai dove? Indovina un po'! Sì, quasi esattamente allo stesso punto preciso dove avevo impedito a quella povera ragazza di andare ad inquinare il Tamigi. Un luogo che in seguito evitai attivamente, con mia moglie in auto, un giorno, che non capiva che giri strani facessi, per tornare a casa, che era appena di là del fiume.

*

Non credo certo al Diavolo, Satana o Belzebù, ma il *Male* esiste di sicuro e ne ebbi ampia riprova quella volta! Si buttò quasi davanti alla mia auto quella disgraziata! Ci mancò poco che non la investissi, anche perché filavo ad almeno ottanta all'ora, alle cinque di mattina, lungo quel vialone dritto e largo, ancora senza traffico. Abbassato di poco il finestrino sinistro (io ero seduto a destra, non dimentichiamo) le chiesi se fosse pazza e cosa stesse cercando di fare. Mi rispose di no, che non era un tentato suicidio, ma era disperata, perché da più di un'ora sperava di veder passare un taxi. Ma di là non ne passavano, specie a quell'ora, le dissi. Lei non sapeva come fare, per tornare a casa. Abitava a Streatham, mi disse, a pochi chilometri, forse sette-otto. Io però ero ormai a solo un chilometro da casa mia. Ed ero anche un poco stanco, dopo una notte in bianco e sempre in piedi e fuori al fresco, sui ponti ventosi del porto. "Va bene, dai, sali, ti porto a casa! Non vorrei che provassi di nuovo a fermare un'auto in quel modo e che mi finissi in pronto soccorso o al cimitero!"

Arrivati a Streatham, la mia passeggera mi fece fare un giro strano, però pensavo che lei dovesse conoscere bene quei sensi unici, se abitava lì, ma la donna aveva in mente un piano diabolico per me! Anzi, satanico rende meglio l'idea!! Mi chiese di fermarmi. Pensai che fossimo arrivati a destinazione. Invece lei iniziò a spogliarsi, molto tranquillamente, come se fosse stata la cosa più naturale. Era giovane e alquanto belloccia Mary da Glasgow. Cedere alla tentazione sarebbe stato facilissimo. Ebbi almeno quella saggezza di non farlo. "Ma come, perché, non ti piaccio?" Si rivestì brontolando e poi "Ok, portami a casa allora." Nei pochi minuti che seguirono, lei mi fece delle strane domande che capii solo troppo tardi. Di che colore erano i miei pantaloni? Ma lo vedi, no?

"Sono belli!" Pantaloni da lavoro, niente di particolare. E che lavoro facevo e così via. Poi mi chiese se poteva prendere un pezzetto di carta dal blocco che tenevo sempre in auto, insieme a qualche biro. Le regalai perfino una penna, visto che erano tutte omaggi di clienti. "Qui va bene", mi disse, "abito appena dietro l'angolo. Sei stato troppo gentile, un vero gentleman, grazie davvero! Ciao!" "Stammi bene e stai attenta a come fai l'autostop, in futuro!" Mentre mi allontanavo, la vedevo nel retrovisore: stava là ferma e guardava verso di me. Sul lato opposto della strada, notai che c'era una stazione di polizia, a cui non diedi però alcun peso. Se solo avessi saputo ...

*

Avevo dormito poco, a differenza degli altri giorni, perché i due mestrini mi avevano chiesto di accompagnarli in banca, per effettuare alcune operazioni, che da soli non si sentivano in grado di fare. Mi avrebbero anche pagato, in contanti! Mancava il latte per la colazione, mia moglie si scusò. Fa nulla, vado a prenderlo io, qui al negozietto all'angolo. Tanto, non sono che due minuti. Ma non ritornai che diverse ore più tardi, in compagnia! Avevo un posto in garage, ma il portone era rumorosissimo, per cui, per non voler disturbare i vicini, così presto, la BX l'avevo parcheggiata fuori in cortile. Mi attirò quella che sembrava una botta sul parafango anteriore, però avvicinandomi vidi che era solo un'ombra. Non si trattò che di pochi istanti, poi due altre ombre comparvero, come dal nulla! Credevo di dormire ancora, che si trattasse di un brutto sogno, ma quelle ombre parlavano! "Lei è il proprietario di questo veicolo?" chiese una delle ombre. Sì, certo che problema c'era? "Il problema" disse l'altra ombra, che ora vedevo però assai concreta, "è che lei è in arresto per presunto sequestro di persona e stupro." Mi sentii come se il peso del mondo intero mi fosse di colpo cascato addosso, una sensazione orribile, indescrivibile!! Panico!!! Ma solo per un attimo. Intanto, mi avevano recitato quella famosa frase che tutti abbiamo sentita cento volte nei film: "Non deve dire nulla, ma tutto ciò che dirà potrà essere usato in seguito contro di Lei. Ha diritto a una telefonata e un avvocato ..." etc. Ma questo NON era un film, dannazione, questa era la mia vita, che sembrava disintegrarsi in un istante!!

La vecchia stazione di polizia, al numero101
di Streatham High Road, Londra SW16

Uno dei poliziotti aveva intanto tirato fuori un paio di manette. Chiesi loro se fossero davvero necessarie. Si trattava di un errore, che sarebbe stato presto chiarito. Non avevo nulla da temere, perciò non intendevo certamente peggiorare la mia situazione, tentando la fuga. "Va bene", disse uno dei due poliziotti in borghese, facendo un cenno all'altro, che rimise vie le manette. "Allora ci segua." La loro auto era parcheggiata sul lato opposto della strada. Chiesi loro se non potevo almeno avvisare mia moglie al citofono. "Tutto a tempo debito, per ora no." Mi fecero sedere dietro, in una piccola utilitaria, non ricordo cosa fosse, abbastanza sconvolto com'ero. Intanto, avevo però capito tutto e mi lasciai sfuggire una frase. "Stia attento a quello che dice, l'abbiamo già avvertita." Ripetei: "Sapevo che un giorno o l'altro qualcosa del genere doveva capitarmi", dissi. "Scrivetevelo pure!" Uno dei due mi chiese che cosa volessi dire. Spiegai che la mia propensione a farmi coinvolgere o a prestare soccorso dove sembrava necessario poteva facilmente, un giorno o l'altro, cacciarmi in qualche guaio. Infatti era successo proprio quella notte! Raccontai loro dell'incontro con il loro colleghi di Chelsea e della ragazza salvata. Erano molto tranquilli quei due e lo ero ormai diventato abbastanza anch'io. Uno di loro rise e mi disse che dovevo però stare più attento, perché fare il buon samaritano era cosa nobile, ma a volte può avere anche conseguenze impreviste e assai poco piacevoli. "Ne sappiamo qualcosa noi, vero?" aggiunse poi, rivolto al suo collega. Quelle che seguirono furono le ore peggiori di tutta la mia lunga vita. Nemmeno la scoperta di avere un cancro, nel 2005, mi sconvolse allo stesso modo!

Arrivati a destinazione, dovetti spogliarmi di tutto, ma proprio tutto, e indossare una tuta monouso, bianca. Mi erano stati ripetuti i miei diritti. Le impronte digitali non servivano, per ora. Servivano invece campioni vari, tra cui le mie unghie, che dovetti tagliare corte e per fortuna che non lo erano già. A tale scopo, come aiutino, mi venne persino fornita una certa rivista. Poi, ci fu l'esame medico, in presenza di un poliziotto che il medico però pregò di uscire. "Un minimo di decoro", disse. Il *bobby* se ne andò subito, senza discutere. Mi chiesero se avessi già un avvocato. Certo che no, non ne avevo mai avuto bisogno, in sedici anni nel paese. Era consigliabile averne uno e me ne sarebbe stato affidato uno d'ufficio, se non avevo altre preferenze. Avevo avuto degli avvocati tra i miei allievi d'italiano, ma, visto di cosa mi si accusava, non me la sentii di chiamare uno di loro. Mi capitò così un giovane avvocato, forse qualcosa come trentacinquenne, di origini caribiche, simpatico, alla mano. Dopo una breve consultazione, mi disse di stare tranquillo, non avevo nulla da temere, la cosa sarebbe stata chiarita in pochissimo tempo. Ora ci sarebbe stato l'interrogatorio, ma non dovevo fare altro che dire tutta la verità su come si era svolta la sordida vicenda. Alla fine del colloquio, che fu ovviamente tutto registrato, ma condotto in forma quasi bonaria, il mio giovane Perry Mason mi disse che, per come l'avevano fatto, lui pensava, in base alla sua esperienza, che i poliziotti mi credessero e questa era già un'ottima cosa. Tutto si sarebbe risolto presto di certo, magari già in giornata. Io dovevo solo stare tranquillo ora. Niente panico! No, quello era durato solo pochi secondi, al momento dell'arresto. Perfetto, disse,

noi due, con tutta probabilità, non ci saremmo
più rivisti, me lo augurava. Se però avessi avuto
ancora bisogno, ecco il suo biglietto da visita. Ci
sarebbe stata ancora una procedura poco
piacevole, ma anche quella sarebbe passata in
fretta. *Good luck!* Buona fortuna!

Casa mia. Quando ci sarei ritornato?

Arrivai a casa mia scortato da non meno di
cinque poliziotti, tutti in borghese, il cui capo era
un DCI, cioè un *Detective Chief Inspector*. Un
ispettore capo del nucleo investigativo. Quale
onore, senatore! Io stesso però indossando quella
maledetta tuta bianca, eh! Chiunque avessi
incontrato, tra i vicini, avrebbe capito subito di
che cosa si trattasse, avendola vista spesso in
tivù una scena analoga. Ma non successe. Mi era

stato nel frattempo concesso di telefonare a mia moglie, che, disperata, non sapeva più che cosa pensare. Forse mi ero sentito male e stavo in qualche pronto soccorso, aveva poi deciso. La tranquillizzai, che c'era stato un errore di persona, che non era successo nulla in realtà e tutto si sarebbe presto risolto. Fu molto sollevata nel vedermi arrivare sano e salvo, sebbene "in maschera"! Parlammo subito in francese, come facevamo più spesso che no, e lei sempre, in situazioni difficili. Naturale, ma l'ispettore disse di parlare inglese, per favore. Poi rassicurò mia moglie dicendole che, se suo marito non aveva fatto nulla, cosa che lui credeva (!!) non avevamo nulla da temere. "Chiariremo presto questa faccenda e glielo rimanderemo a casa, stia tranquilla, signora!" I suoi dubbi sulla mia colpevolezza furono confermati dal fatto che, dopo soli cinque minuti circa di perquisizione, fatta anche all'acqua di rose, disse ai suoi ragazzi che poteva bastare così. Si fidò anche che Sossó gli avesse effettivamente consegnato i miei panni sporchi della notte precedente. Mi raccontò infatti in seguito che aveva subito subodorato qualcosa di strano in tutta la faccenda e dubitato di Mary da Glasgow. Alcuni dettagli non gli quadravano proprio e al suo naso di detective di lungo corso la tipastra non era piaciuta per nulla.

*

Ritornati alla stazione di polizia, fui di nuovo rinchiuso in quella minuscola cella di pochi metri quadrati, dalle pareti color verde marcio e con WC *en suite*, per così dire: cioè dentro la cella stessa! Tre passi in una direzione, due nell'altra!

Mi vennero in mente tutti i carcerati di tutti i tempi, quelli veri, ma anche quelli della varia letteratura. Nelson Mandela, ad esempio. Come aveva potuto quell'uomo resistere tutti quegli anni? Ventisette? Ammirevole! Tra le varie attività "ludiche", la mattinata era passata abbastanza velocemente ed eravamo così già arrivati al primo pomeriggio. E io ora avevo fame! Io ho sempre fame. Anche quando era appena morto mio zio-padre Guido, sconvolsi la Genia, chiedendo se non ci fosse qualcosa da mangiare. "Come fai a pensare a mangiare, in un momento come questo?" Ero in viaggio da Londra dalla mattina prestissimo e avevo mangiato solo un panino in aeroporto. Mi scusasse dunque, ma io ero, normalmente, molto affamato! Mi portarono dunque da mangiare, da un qualche *take-away*. Passabile. E, se si ha veramente fame, va bene quasi qualsiasi cosa, no? Poi sembrarono essersi dimenticati di me. Dopo alcune ore, morivo di sete e chiamai più volte, ma non veniva nessuno. Allora cominciai a prendere a calci la porta di ferro e funzionò, perché accorse subito un poliziotto. Che cosa succedeva? Ho sete, per favore, portatemi dell'acqua. Non ne avevano, poteva andare bene una Fanta? Ma sì, certo. Acqua dal rubinetto non ce n'era? No. Comunque, devo dire che, in tutte la varie fasi, fui sempre trattato con grande cortesia e gentilezza perfino, da ognuno dei diversi poliziotti con cui ebbi a che fare.

*

*DLR o Docklands Light Railway, il metrò di superficie
della zona del vecchio porto di Londra*

Verso le undici di sera, mi tirarono finalmente
fuori dalla gattabuia. Avevo trascorso ore terribili,
nonostante mi fossi ormai parecchio rasserenato.
Me le feci passare recitando a voce alta tutto ciò
che mi veniva in mente: dalla prima scena del
primo atto del *'Faust'* di Wolfgang von Goethe,
all"*Othello'* di William Shakespeare, passando per
Dante (Tanto gentile e tanto onesta pare la donna
mia, quand'ella altrui saluta ...); Petrarca (Chiare,
fresche et dolci acque, ove le belle membra pose
colei che sola a me par donna...); il Pascoli della
cavallina storna; Carducci; Montale degli 'Ossi di
seppia'; tratti del 'De bello gallico' di Cesare
(Gallia est omnis divisa in partes tres, quarum

unam incolunt Belgae, aliam Aquitanii, tertiam qui ipsorum lingua Celtae, nostra Galli appellantur...). Perfino passi della messa latina, imparati da chierichetto, ad esempio il *Sanctus: "Et ídeo, cum Angelis et Archangelis, cum Thronis et Dominationibus, cumque omni alia militia cælestis exercitus, hymnum gloriæ tuæ canimus, sine fine dicentes: Sanctus, Sanctus Sanctus. Dominus Deus Sabaoth. Pleni sunt caeli et terra gloria tua. Hosana in excelsis. Benedictus qui venit in nomine Domini. Hosana in excelsis."*

*

Dovettero per forza liberarmi, benché sulla parola e con obbligo di firma, per le prime settimane, per fortuna presso una stazione di polizia vicina a casa mia. Perché avevo un alibi che distrusse il racconto di quella maledetta donnaccia. Secondo lei, l'avevo sequestrata, minacciandola con un coltello, stuprata più volte e tenuta prigioniera in macchina per cinque ore. Esagerando sui tempi, non sapeva di essersi data la zappa sui piedi. I miei clienti non ebbero problemi a confermare che la notte l'avevo trascorsa con loro sui ponti di Docklands. Potevo essermi assentato, senza che loro se ne fossero accorti? Impossibile, perché venivo continuamente interpellato da ambo le parti. Dopo qualche settimana, l'ispettore capo mi raccontò come la tipa, messa sotto torchio, avesse finito per confessare di aver avuto bisogno lei stessa di un alibi, perché, essendo già stata fuori in precedenza per notti intere, il marito le aveva giurato che alla prossima occasione lui l'avrebbe ammazzata! "In futuro, sia più cauto, vede cosa può succedere a fare i samaritani?"

disse, strizzandomi l'occhio. "Tranquillo, lo sarò di sicuro, grazie!" L'incubo però non era ancora finito, anzi, tutt'altro!

Era appena iniziata ora la parte peggiore della triste storia, quella che rischiò proprio di farmi fuori! Letteralmente!! Il CPS, *Crown Prosecution Service*, è la procura della Corona, che funge da pubblico ministero nei procedimenti penali e a cui spetta dunque la valutazione se esistano o meno i requisiti per proseguire ad un processo. Sembrava che il brutto pasticciaccio fosse stato chiarito, tuttavia il CPS non si pronunciava ancora. Non lo fece per quasi tre interminabili, orrendi mesi! Proprio in quegli ultimi tempi, erano stati resi pubblici alcuni casi spaventosi, in cui la polizia, sotto pressione per trovare un capro espiatorio, aveva fatto finire in carcere persone del tutto innocenti. Con queste notizie in mente, ricordo ad esempio che, sotto la doccia, mi chiedevo se la prossima l'avrei fatta ancora a casa mia, oppure dentro una di quelle squallidissime, tetre, tristi, terrificanti carceri vittoriane, come Wormwood Scrubs, nel distretto di Hammersmith (sì, quello in cui mi ero sposato!) che avevo purtroppo avuto modo di vedere da dentro, consegnando materiale per artisti per conto della Winsor & Newton. Ricordi?

*

Ad interpretare per la Rotrametro tornai per una sola sera, il giorno dopo, quando due poliziotti in uniforme si presentarono sulla scena di lavoro, perché avevano ancora qualche dettaglio da chiarire con i miei clienti, dissero, riguardo a quella maledetta notte. Ma quale dannato dettaglio, accidenti? Proprio quella sera, era presente, neanche a farlo apposta, quel famoso americano; e non fu un bel vedere. Provai a parlare con i poliziotti, a chiedere se non potessero tornare il mattino dopo in hotel. Nulla da fare, loro avevano ordini precisi e da eseguire con urgenza. La cosa non piacque per nulla ai mestrini, anche perché quello era un potenziale importantissimo cliente. La mia spiegazione, che si era trattato di un errore della polizia, non li soddisfece per nulla. Ero esonerato dall'incarico. Mi pagarono tutto, ma non mi chiamarono più.

H.M. Prison Wormwood Scrubs, un carcere "di Sua Maestà"
Foto © Alan Baughan

Più avanti, trovai il coraggio di raccontare la vera storia all'ingegner Cavallini, ma ormai era troppo tardi: il danno era fatto. Andai anche a protestare dal mio "amico" ispettore capo, ma invano. Certo, mi disse, potevo a mia volta denunciare Mary, ma volevo davvero sobbarcarmi una rogna simile, che sarebbe andata avanti per un sacco di tempo? Mi conveniva dimenticare il tutto e stare tranquillo, perché comunque lei non l'avrebbe passata liscia: la falsa denuncia e sprecare il tempo della polizia erano reati penali e lei sarebbe stata perseguita. Non poteva magari bastarmi questo? Seguii il suo consiglio, ma, dopo un paio di mesi, con quella spada di Damocle del possibile processo ancora sospesa sopra il capo, cominciai ad andare in depressione.

*

Non riuscivo più a lavorare, mi era impossibile concentrarmi a lungo. La mattina, faticavo ad alzarmi, anche se erano ormai le dieci o le undici. La povera Marie-Solange, che mi aveva sempre creduto, cercava in tutti i modi di farmi alzare, incoraggiandomi, portandomi il tè a letto. La colazione no, perché sapeva che non mi piace mangiare a letto. Mi aveva creduto da subito e infatti aveva detto all'ispettore, al momento della perquisizione: "Conosco mio marito da tanti anni e so chi è. Questa è una cosa che lui non farebbe *mai* a una donna!" Aveva ragione, ma io intanto non riuscivo a ripartire. Poi, finalmente, dopo quasi tre mesi, la notizia tanto attesa: non vi sarebbe stato alcun processo a mio carico! Il caso veniva archiviato, la mia fedina penale restava pulita. Il danno però era fatto: io ero seriamente depresso. Rifiutai a lungo di andare dal medico, dal quel bravo nostro medico indiano, il dottor Pattabhi, che era stato il nostro medico di famiglia fin da quando Marco e Pierre, ancora piccolissimi, lo chiamavano *Docto Tatabi!* Un giorno, mi decisi e lui mi prescrisse degli antidepressivi, rassicurandomi che era però "roba leggera" e dicendomi che era comunque sicuro che io fossi in grado di venirne fuori da solo. Grazie per la fiducia, io non ne ero così certo ...

*

Un bel giorno però, arrivò l'ispirazione! Ma certo, ecco la soluzione!! Da anni, non avevo più avuto cani e mi mancava molto. Mi godevo quelli degli Howie, quando stavamo da loro per pochi giorni, in quel delizioso cottage, nel nord del Galles. I gemelli avevano nel frattempo già tredici o quattordici anni. Chiesi loro se fossero sempre interessati ad avere un cane. Certo che sì, ma non era proibito dal regolamento condominiale? Lo era, ma altre due famiglie avevano preso un cane e non era successo nulla, benché anni prima un ragazzino fosse stato invece costretto a sbarazzarsi di una meravigliosa setter irlandese, che lui adorava. Ma le leggi erano cambiate. Non si poteva più proibire a un inquilino di tenere un cane. Allora cercammo nel giornale, il solito *Evening Standard*, il quotidiano della sera, che oggigiorno viene distribuito gratis nelle stazioni. Molto eccitati all'idea di avere un cane, i miei ragazzi trovarono subito un annuncio che suonava promettente: "Cuccioli misto Labrador – Border Collie disponibili da subito a Putney. Prezzo simbolico 15 sterline." Cosa ne pensavano Marco e Pierre? Andiamo a vedere?

*

*Tessa e Leo, due dei tre Jack Russell della famiglia
di Alec e Leslie Howie di Gwyn-Fryn Farm, a Llanbedr,
grandi cacciatori di coniglietti selvatici!*

Putney si trovava solo ad una ventina di minuti
d'auto. Fummo fatti accomodare in cucina, dove
il padrone di casa ci portò la cucciola, una di soli
due rimasti. La posò per terra e lei guaiva, ma poi
ci fece subito festa. "Volete vedere anche il
maschio?", chiese. Guardai i ragazzi. La risposta
era già chiara nei loro occhi: fu davvero amore a
prima vista! Ritornammo a casa, tre innamorati.
Là si aggiunse subito a noi anche la quarta, mia
moglie. Era dolcissima, infatti, e bellissima quella
cagnetta di razza *Borador*, come seppi solo in
seguito: Border Collie + Labrador, un incrocio
tanto comune da essere considerato ormai una
razza. E come l'avremmo chiamata? Quale nome

darle? Urgeva una riunione di famiglia, una consultazione importante. Scartammo subito i soliti banalissimi nomi, come Lucky, Blacky e simili, perché troppo ovvi, comuni, scontati. La cucciolotta era, in effetti, quasi completamente nera, con qualche spruzzatina di marrone, ma noi cercavamo un nome speciale. Molto speciale! Ancora oggi, a distanza di così tanti anni, i gemelli si disputano l'onore di aver trovato il nome giusto! "E se la chiamassimo come la ragazza del film?", aveva detto uno di loro. Avevamo da poco visto quello spassosissimo film, un Bergerac nasone in chiave moderna, con Steve Martin nella parte di Cyrano e la stupenda Daryl Hannah nel ruolo di ... Roxanne. Ma certo, bravo, che nome fantastico, perfetto! Decisi di scriverlo però con una sola N, visto che la doppia in inglese non si pronuncia comunque. Anni dopo, all'amico Parviz che mi chiedeva se sapevo chi fosse stata Roxane, risposi certo che sì: era la moglie persiana di Alessandro il Macedone. Ma sapevo anche che cosa significasse quel nome? No. "Beautiful face", mi disse Parviz. Bel viso. Doppiamente perfetto, dunque, come nome!

*

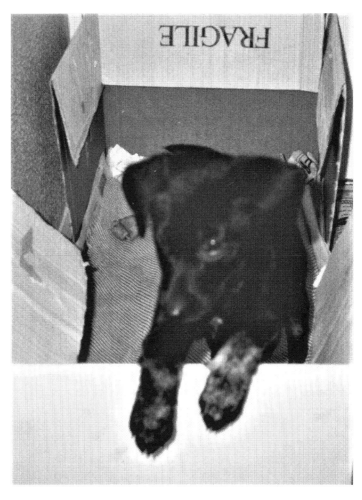

La nostra nuova bambina, Roxane,
una cucciolotta adorabile!

Quella prima sera, misi Roxane a nanna dentro uno scatolone, con un grande asciugamano, poi dentro la vasca da bagno, in caso di qualche piccolo incidente. Lasciai le porte aperte, ma lei non smetteva di piagnucolare, poveretta. Allora mi alzai e portai lo scatolone accanto al mio letto. Si calmò subito e ci lasciò dormire tutta la notte. Dormii anch'io come un ghiro, per la prima volta, dopo mesi d'ansia. Mi svegliai che fuori appena rischiarava e il primo pensiero fu per la nostra nuova bambina, che mi fece subito gran festa ... e la pipì sull'asciugamano! Balzai fuori da quel letto senza la minima esitazione e portai subito fuori Roxane a fare la sua prima passeggiatina in riva al Tamigi, dove sull'erba fresca fece di nuovo la pipì e non solo. Pulitissima da subito, fece solo un paio di volte la pipì in casa, ma sui giornali in cucina. Aveva imparato subito. Perché era molto intelligente, come scoprimmo ben presto. Aveva infatti l'intelligenza vivace e la curiosità del Collie, ma anche la docilità e tranquillità del Labrador, una combinazione ideale. Un vero regalo degli dei e io ... ero guarito!! Quella mattina, buttai gli antidepressivi, che avevo comunque presi solo a singhiozzo, nel cesso! Tirando lo sciacquone con enorme soddisfazione, sotto gli occhi incuriositi di Roxane, che subito tentò di bere dalla tazza del WC! "Ma nooo, Roxane, dai, che schifooo!" Però scoppiai a ridere. E lei non capiva, la cagnetta. Ma capivo benissimo io, che da mesi non avevo più riso così di gusto. Ero davvero guarito e per merito di un cane! E guai a chi sento dire che "è soltanto un cane"!!

* * *

*Giocherellona la mia salvatrice rimase
fino a due giorni dalla fine,
a quasi diciassette anni!*

12.

DAI CAMPI DA GOLF

ALL'AURORA BOREALE

Al grazioso, sonnolento villaggio di Llanbedr, nel Gwynedd, ritornammo con la famiglia aumentata. Roxane era una cagnetta molto buona, ma vivace, intelligente; curiosa però anche molto ubbidiente. Imparava subito qualsiasi cosa. Tra le tante altre, aveva capito che nel parco non si possono rincorrere gli altri abitanti: né gli scoiattoli, né le oche ed anatre di varie specie, né folaghe, gallinelle d'acqua, cigni, etc. Quando al telefono annunciai a Lesley che saremmo arrivati con la nostra nuova figliola, lei si raccomandò di tenerla però al guinzaglio sull'aia, perché lei aveva galline ed anatre ed altro, tutte in libertà, che i cani di città prontamente prendevano a rincorrere. La rassicurai, che Roxane era già bene addestrata in questo. Arrivati alla piccola fattoria però, non feci in tempo ad aprire del tutto il portellone della BX, per mettere Roxane al guinzaglio, che lei era già balzata fuori e iniziava a rincorrere le galline! Cacciai un urlaccio e lei si fermò subito e tornò da me. La sgridai, mentre allacciavo il guinzaglio; lei abbassò le orecchie, mortificata. Era intanto comparsa sulla soglia di casa Lesley, che scoppiò a ridere, al vedere la scenetta. "Te l'avevo detto, perché lo so, succede così ogni volta, anche con i cani più cducati. Sarà l'aria di campagna!" E rideva. E io: "O forse sarà perché le galline non le abbiamo mai viste, vero Roxane? Non ce ne sono, infatti, nei parchi di Londra." In Galles ci andammo ancora, tutti insieme, un sola volta. Marco e Pierre avevano ormai quindici anni e mi resi conto che non si erano più divertiti come negli anni precedenti. L'anno dopo andarono in vacanza da soli, infatti, nel Devon, con un gruppo di speleologi.

*Un grande spasso, per Marco, poter scorazzare
liberamente in bicicletta, in mezzo alle galline indifferenti!*

Quell'ultima volta, la famiglia Howie non c'era, in
vacanza in Spagna, e Lesley mi aveva pregato di
dare una mano alla madre, per riportare dentro la
scrofa Priscilla, di sera, perché la madre ne aveva
terrore! E ben giustificata, anche, perché Priscilla
non era solo enorme da spaventare già per la sua
mole imponente, ma aveva anche un caratterino e
bisognava dunque lasciarla brucare ancora un
po' d'erba, lungo la stradella, e guai a metterle
fretta o a provare a spingerla! Bisognava solo
avere tanta pazienza, perché lei poteva metterci

tranquillamente anche dieci o quindici minuti, a percorrere quei cinquanta metri dal prato al porcile.

*

Rientrati a Londra, una sera, a un'asta d'auto, mi sbarazzai ad un prezzo accettabile di quello scomodo promemoria del fattaccio che mi aveva quasi rovinato la vita. Tra l'altro, non so che cosa avesse usato la polizia dentro l'abitacolo, ma non riuscii con alcun prodotto ad eliminare dalla plancia quella patina semi-unta. Poco tempo dopo, trovai una buona occasione: un'altra Citröen, una CX Pallas, un macchinone di lusso. Mai più avuta un'auto così. Già la BX viaggiava molto liscia e stabile, grazie a quelle particolari sospensioni idropneumatiche. La CX sembrava proprio una barca che scivolava via silenziosa, su un'acqua calma e liscia. Me la godetti per qualche anno quella macchina da presidenti, finché un cretino, non rispettando uno stop, non mi venne addosso, distruggendomi tutta la parte laterale anteriore. Auto da rottamare. Quasi illeso io, per fortuna. Dovetti fare la guerra per ben due anni a mezzo all'assicurazione della controparte, che voleva darmi 500 sterline. Io dissi che non volevo guadagnarci, ma solo riavere l'auto di prima, che me la trovassero loro, magari. Niente da fare. Allora peggiorai il mio quadro clinico e cominciai a tenere conto delle giornate di lavoro perse per i dolori cervicali: impossibile infatti stare troppo a lungo al PC. Andai anche, privatamente, da uno specialista di Harley Street, la famosa strada londinese degli specialisti medici, appunto, il quale mi scrisse un bel rapportone. Due anni e mezzo più tardi, trasferito io nel frattempo già in

Danimarca, mi arrivò una lettera dell'avvocato della mia assicurazione. La controparte aveva aggiunto uno zero all'offerta! Mi consigliavano di accettare. Lo feci, ovviamente. E, quando arrivò l'assegno, invitai fuori a cena tutti i nuovi amici danesi.

*

L'incidente con la CX era successo mentre stavo andando a lavorare nella sede della Rank Xerox, fuori città. Traducevo per un progetto importante, che mi avrebbe occupato per alcune settimane. Avevo da poco terminato un altro contratto di lavoro *in-house*, per la ICL Retail Systems, che produceva sistemi gestionali per grandi catene di supermercati. Io lavoravo infatti alla traduzione e localizzazione del software per la catena svizzera Migros. Era un modo perfetto di lavorare quello, accanto ai programmatori che avevano creato il software e ti potevano dunque spiegare tutto ciò che magari non fosse stato subito chiaro. Mi aveva coinvolto nel progetto un'altra italiana, Elisabetta, poi persa di vista. Uno dei giovani programmatori era di origini indiane, il secondo pakistano. Si lavorava molto bene con quei due ragazzi. Il problema era il nostro interlocutore svizzero della Migros, che ci inviava delle mail con correzioni assurde al mio italiano ineccepibile. Il colmo fu quando un giorno ci scrisse che il termine "formazione del personale", cioè nell'uso del nuovo software, da me usato in alcuni testi, non andava bene. Il vocabolo corretto era ben altro, cioè "allenamento"! Dovetti spiegare bene la cosa al nostro responsabile di progetto. Mi chiese di rispondere io stesso direttamente al ticinese, con copia a lui. Dopo di che, lo svizzero non si fece più sentire. Lo aveva forse impressionato la sfilza di qualifiche professionali, elencate accanto alla mia firma, sotto forma di troppi acronimi? (Cosa che, normalmente, non facevo mai.)

*

Un giorno Akhter mi chiese se avessi mai giocato a golf. No, mai, a parte il minigolf, ogni tanto. No, no, il golf vero, mi disse; non mi sarebbe piaciuto provare? Certo che sì, eccome, ma dove? Bene, allora domani ci saremmo concessi una pausa pranzo più lunga, che avremmo recuperata poi la sera. Così l'indomani andammo ad un *golf range*, dove paghi per un cestello pieno di palline, che poi spari fuori verso un bel prato verde, da dentro uno spazio riparato da una tettoia, separato dagli altri spazi, per non rischiare di spararsi addosso le palle (da golf), gli uni con gli altri! Il mio nuovo maestro di golf mi spiegò i fondamenti, come la posizione del corpo, la presa delle mani sulla mazza, incrociando il mignolo destro con l'indice sinistro. E i principali tipi di mazze: i legni, i ferri, il *putter*. Per le battute finali, quest'ultimo, sul *green* e fino alla buca. Questo però sarebbe venuto più avanti. Un *più avanti* che non tardò molto ad arrivare. Scoprire di avere un talento naturale, come diceva anche Akhter, fu solo questione di due o forse tre sessioni di prova. "Ormai sei pronto per una partita sul campo", mi disse un giorno. Non molto lontano dall'ufficio, ad Ascot, dove si corrono alcune famose corse di cavalli, c'era un mezzo campo da golf, cioè a nove buche. Trovai fin da subito questo sport davvero appassionante e perfino fisicamente molto più impegnativo del previsto, altro che uno sport da vecchietti! Ci presi proprio gusto e stavo facendo anche già buoni progressi, quando i ragazzi un giorno mi annunciarono che l'indomani saremmo andati a giocare in quattro. Si sarebbe unita a noi una loro collega dell'ICL Finlandia, che, dopo alcuni mesi trascorsi nella sede di Manchester, sarebbe ora rimasta per un mese qui da noi.

Uno sport noioso o da vecchietti? Bisogna provarlo, per capire che è tutt'altra cosa il golf!

"Piacere, Mirja Lindström!" Così mi si presentò la bella e biondissima finlandese, che trovai subito molto, molto simpatica. In auto, le chiesi se il suo cognome fosse finlandese, perché a me suonava più svedese. Lo era, infatti, mi disse, e che ero il primo a pronunciarlo correttamente, da quando era arrivata in Inghilterra. Poi, a giocare a golf ci andammo parecchie volte anche da soli, io e lei. Ormai riuscivo a fare il giro del mezzo campo due volte, dunque una partita seria a diciotto, non solo nove buche. Lei era, ovviamente, molto più avanti di me, perché giocava da anni. Il golf però ha un bel sistema di calcolare il punteggio, il cosiddetto *handicap*, assegnato ad ogni giocatore dilettante, in modo da consentirgli di competere in modo equo con golfisti più esperti. Inoltre, ad ogni buca è assegnato un cosiddetto *par*. Questo rappresenta il numero di colpi che un giocatore professionista mediamente impiegherebbe, per completare il percorso, cioè fino a quella buca. Ci divertivamo molto noi due insieme e io sempre di più, mano a mano che facevo ulteriori progressi. Inoltre, Mirja era una compagnia deliziosa e così volli farla conoscere a mia moglie. Venne a pranzo da noi un sola volta, perché poi doveva rientrare in Finlandia, come previsto, un paio di giorni dopo. Mi promise però che ci saremmo rivisti di sicuro, lei se lo sentiva. In seguito le diedi anche della strega, per questo. In Finlandia? Ma so a malapena dove si trovi, le dissi, dovrei avere un buon motivo per arrivarci. "Come, non sono un motivo sufficiente io? Abbi fiducia, vedrai che ci arriverai, eccome, più prima che poi, perfino!" Parole profetiche ...

*

Il golf: dove non si può "non capire una mazza"!

Andando a lavorare alla sede della Rank Xerox, come già ti dicevo prima, mi capitò quell'incidente d'auto, che mi costò, ahimè!, la mia bella Citroën CX grigio argento. Proprio quel progetto, tuttavia, avrebbe cambiato la mia vita! Potrei quasi dire che valeva la pena fare quello scontro? Quasi, sì. Pochi giorni dopo, ci dissero che sarebbe arrivato là anche un finlandese, a rimpinguare le fila del nostro team di traduttori. Spuntò dunque un omino piccolo e biondissimo, quasi bianco, come spesso lo sono i finlandesi. Era simpatico e molto interessato a conoscermi, perché aveva appena creato un'agenzia di traduzioni, oltre ad essere lui stesso un traduttore. Gli diedi il mio biglietto da visita. Alcune settimane dopo, mentre ero giù nel parcheggio a pulire la macchina, mia moglie mi chiamò. Aveva telefonato un certo signore dalla Finlandia, che voleva parlarmi di un lavoro. Era urgente, però, dovevo chiamarlo appena possibile. Lo feci. Mi chiese se conoscevo la ABB – Asea Brown Boveri. Certo che sì, avevo spesso incontrato i loro componenti in molti dei sistemi che avevo tradotto. Mi avrebbe inviato il testo in questione, ma aveva bisogno di sapere subito se ero in grado di farlo e per quando. Lavoro fatto e consegnato, cliente finale soddisfatto, settimane più tardi mi arrivò un fax (sempre più attrezzato io!) da Riku, che mi parlava di una missione segreta nel nord della Finlandia, forse per una settimana. Ero disponibile?

*

Missione segreta? Per i servizi? C'era del pericolo di mezzo?? Ma no, si trattava però di un prodotto importante, che stava per uscire sul mercato e nulla di esso poteva trapelare prima. Avrei dovuto infatti anche firmare degli impegni di segretezza assoluta. Qualora interessato, mi avrebbe spedito i dettagli per posta raccomandata. Quando arrivò il malloppo, trasalii! Si trattava della Nokia, la quale stava per lanciare un cellulare veramente rivoluzionario – il 2110 – con tre righe di display, anziché due, e trenta caratteri, anziché sedici. La nostra destinazione: Oulu, su, nell'estremo nord del paese, non lontanissimo dal Circolo Polare Artico! Attenzione, lassù faceva davvero molto freddo, conveniva venirci bene equipaggiati! Riku mi chiamò, per darmi altri dettagli, ma parlava quasi come in codice, al telefono, evitando di fare riferimenti al cliente o ai luoghi. Subito dopo, inviai a Mirja un fax, in cui le davo della strega, come ti dicevo, e come e perché sarei arrivato su in Suomi, a febbraio! Senza fornire dettagli, ovviamente. Si rivelò che c'era una lunga attesa, un paio d'ore, tra il volo in arrivo da Londra e quello interno, per Oulu. Mirja sarebbe venuta all'aeroporto. Così si poteva almeno bere una birra insieme e fare di nuovo quattro piacevoli chiacchiere. Non capiva il mio stupore, al trovarla davvero ad attendermi all'uscita dal terminal internazionale, quel giorno. "Sei davvero qui, che bello!" "Ti ho detto che sarei venuta, no? Noi qui in Finlandia manteniamo le promesse!" Mi fece promettere che al prossimo giro, se ce ne fosse stato uno, avrei dovuto venire un giorno o due da lei, che abitava a Järvenpää, patria del grande compositore Jean Sibelius, a una quarantina di chilometri a nord della capitale, Helsinki.

Sul volo interno della Finnair, ci si poteva sedere ovunque. Perché i posti non erano assegnati. Era piuttosto pieno però il volo, perciò continuavo ad avanzare, sperando di trovarne uno di vuoto, mentre scherzavo con chi mi stava dietro, che forse ci toccava stare in piedi. Ma poi, ecco un posto vuoto, quello di mezzo, tra due belle signore: una bionda e una mora! Non avevo scelta. "Scusate, posso?" chiesi alla bionda. La mora nemmeno mi badò, seduta accanto al finestrino. Continuò a guardare fuori. La bionda invece arrossì visibilmente, ma si alzò subito. Era una donna molto affascinante, sulla quarantina, che parlava un inglese impeccabile. Le chiesi di dove fosse e rimasi sbalordito quando mi rispose di essere danese! I danesi parlano l'inglese così bene? Alcuni, mi rispose sorridendo. L'aereo intanto rullava già da diversi minuti, sulla pista completamente innevata, ma non sembrava voler decollare. Allora feci un battuta, che forse ci toccava andare così, via terra, fino ad Oulu? Non ci scambiammo però che poche altre parole, fino all'atterraggio. All'uscita, trovammo ad attenderci due ragazze della Nokia, con un grande cartello. Scoprimmo così che a bordo di quel volo eravamo in diciassette traduttori, ora tutti lì. Bene arrivati, benvenuti in Suomi, Finlandia! Laura Reuter era di una simpatia chiassosa, che quasi ti aggrediva. Ci presentammo tutti e la signora bionda e io ci scambiammo i complimenti per non aver fatto – forse gli unici noi! – nemmeno il più remoto dei cenni sul motivo della nostra visita, come ci era stato chiaramente intimato da Riku, per quella famosa segretezza, pretesa dal cliente finale, la Nokia.

Il paesaggio invernale a -25 gradi,
dalla camera dell'hotel Sokos

L'hotel Sokos, quattro stelle, era ottimo. Non ci mancava nulla, eravamo tutti molto soddisfatti e sorpresi di questa grande ospitalità da parte della Nokia, che continuò poi ancora generosamente a sorprenderci, almeno per un po', prima di iniziare a deluderci! Dall'hotel non era comunque il caso di uscire troppo: fuori, a mezzogiorno, faceva 25 gradi sotto zero! Un dettaglio di cui eravamo stati comunque avvertiti, per cui tutti arrivati molto bene attrezzati. Tutti, tranne uno, il collega greco, che sembrava vestito per un incontro d'affari in città, in una bella giornata d'estate. Eravamo un gran bel gruppetto e di tante nazionalità diverse, sedici, se non ricordo male. Dalla Germania, Francia, Danimarca, Spagna, Portogallo, Israele, Stati Uniti, Grecia, Turchia, etc. Perché la Nokia scriveva tutto in inglese, strano a dirsi, non in finlandese, questo perché altrimenti avrebbero avuto problemi seri a trovare traduttori per tutte quelle lingue. Lavoravamo dunque tutti da testi originali inglesi. Testi che erano tutto ciò che compariva sul cellulare, il Nokia 2110, dai nomi della tastiera, alle schermate di menù, comandi e schermate di aiuto, perfino; c'erano anche quelle, visualizzabili all'occorrenza. Oggi mi scappa da ridere, quando penso ad Alberto Matrone, della Nokia Italia, che mi chiedeva se pensavo che quei "cosi" avrebbero potuto attecchire in Italia! Anche troppo, direi! E non soltanto in Italia, ovvio. Tutti rincoglioniti oggi, infatti, lì con il naso sempre dentro il dannato "coso"! Le mamme a spasso con i bimbi, chi porta fuori il cane, in autobus, in treno, in fila al supermercato, in auto (guidando, anche!). Semplicemente sempre ed ovunque! Una popolazione mondiale di zombi, che un giorno potranno mandare ovunque: basterà pigiare un bottone ...

*

Lavoro ce n'era parecchio, tuttavia l'atmosfera era amichevole e rilassata, senza alcun tipo di stress, benché fosse questo per tutti noi un terreno nuovo. I pasti venivano consumati dentro l'hotel, eccetto per una cena in un ristorante a bordo di un vecchio battello bloccato nel ghiaccio, dove ci consigliarono di provare il *poro,* cioè la renna. Fu una delusione, perché la carne era piuttosto dura, benché saporita. A questo però rimediò in seguito l'amica Mirja, che mi portò in un ristorante di Helsinki, per la rivincita: una vera squisitezza, quella volta! C'era anche la sauna, ovviamente, quella vera e genuina, con il fornello a legna e i fasci di rametti per "fustigarsi". Quella che gli svedesi si vantano di avere inventata, mentre i finlandesi dicono che è solo merito loro. Dopo la sauna, al ristorante, Hanne, la collega danese, mi fece presente che un ragazzo ad un tavolo vicino stava cercando di salutarmi. Lo guardai per un attimo e poi: "Ah scusa, non ti avevo riconosciuto, così, tutto vestito!" Non ti dico la risata generale che scoppiò! Mi affrettai a spiegare che ci eravamo trovati poco prima di cena nella sauna. Nulla di strano dunque. Non in Finlandia.

Ammirevoli i finnici, a spasso in bici,
come niente fosse, con tutta quella neve
e quel freddo, da -20 a -25 gradi!

Con alcuni dei colleghi partecipanti a quello strano raduno rimasi in contatto per qualche anno, anche perché alcuni ritornarono più volte, in seguito, però sempre a Tampere. Ma poi ci si perde inevitabilmente di vista. Tendo ad essere io quello che mantiene i contatti, però, dopo tanti anni, l'interesse si affievolisce, non rivedendosi, e così ci si perde. Rimangono in mente ancora oggi soprattutto le nostre due accompagnatrici della Nokia: Laura Reuter e Pirkko Riepponen, che avevo pensato fosse un uomo. Per il nome. Una cara ragazza davvero, Pirkko, ma la simpaticona era la mattacchiona, pazzerella della sua collega, Laura! Con quest'ultima ho perfino riallacciato di recente i contatti. Era di una simpatia travolgente e piena d'entusiasmo, anche, che non poteva non contagiare noi tutti. Fu lei che ci accompagnò ad una delle tre gite che ci venivano proposte. La prima, fino a certe rapide gelate che noi capimmo dapprima come "conigli gelati" e rimanemmo tutti alquanto perplessi, chiedendo una spiegazione. Si trattava in realtà delle rapide ghiacciate di un fiume, *rapids*, non di conigli, *rabbits!!* C'era anche la possibilità di una visita guidata ad Helsinki, lontanuccia, ad oltre 600 km, ma di lì, chi ci fosse andato avrebbe poi proseguito direttamente verso casa. Io però dovevo visitarla con Mirja, prima o poi. Così optai per la gita fino ad Iso-Syöte, ad un paio d'ore d'auto, dove ci attendeva uno stupendo giro nella foresta, con gli sci da fondo. E indovina chi ci venne vestito sempre da città!? Sì, quello scemo di Zorba il Greco! Laura e Pirkko avevano berretti, guanti, etc., da prestare a chi non ne avesse, ma lui rifiutò tutto, l'achilleo eroino! Quando rientrammo alla baita nel bosco a rifocillarci, lui sembrava tutto Omar Sharif, nella grande parte del dottor Živago, quando cammina per settimane, attraverso la steppa ghiacciata, per ritornare a casa. L'hai visto quel bellissimo film, dal romanzo di Boris Pasternak, capolavoro di David Lean? Nella foresta c'erano ovunque dei cartelli che avvisavano della presenza di orsi e qualcuno chiese perfino se non ci fosse qualche sorta di pericolo! No, ignorantissima creatura: gli orsi, d'inverno, sonnecchiano. Come fai tu!

L'incomparabile Laura Reuter!

Quella gita nella natura incontaminata fu davvero memorabile, anche per il gran freddo, ma del tutto normale, considerando che era febbraio e che ci trovavamo a solo un paio d'ore d'auto a sud di Rovaniemi, capitale della regione della Lapponia, nonché celebre dimora ufficiale di Babbo Natale, situata a pochissimi chilometri dal Circolo Polare Artico! Ciò che rese però quella gita del tutto indimenticabile fu il viaggio di ritorno. Perché all'improvviso quella matta di Laura fece una brusca frenata con il pullmino e si accostò a bordo strada. "Fuori tutti!" gridò. Cosa stava succedendo?? "No, nulla, tranquilli, ma guardate lassù!" disse, indicando sopra le cime degli abeti della foresta che ci circondava. Alzammo tutti gli occhi e si sentì allora un grande *WOW!* corale di stupore e di genuina meraviglia, davanti allo spettacolo che ci si presentava e che non è da tutti avere la fortuna di poter ammirare. Ho infatti conosciuto in seguito più di un finlandese che non lo ha mai visto. Di cosa ti sto parlando? Ma dell'aurora boreale, naturalmente, di quel fantasmagorico spettacolo luminoso, che si crea nella ionosfera da particelle dovute al vento solare, se non ricordo male, e che non può non lasciarti a bocca aperta, anzi, non solo aperta, ma proprio spalancata!! In seguito, ospite di Mirja a Järvenpää, ebbi la grande fortuna di rivedere quello spettacolo della natura, che lei mi disse di aver prenotato appositamente per me, perché laggiù al sud non lo si vede spesso! Quando gli amici ti vogliono bene, fanno questo ed altro per te …

*

Magici, fiabeschi paesaggi innevati, mai più rivisti, novunque!

Quella bella danese che avevo incontrata in aereo e mi piaceva parecchio era partita prima, per la famosa gita ad Helsinki. Noi "sciatori" partimmo il giorno dopo, ma non senza una piccola avventura in aeroporto. La Finlandia, insieme a Svezia ed Austria, non entrò nell'Unione Europea che nel 1995. Nel dubbio, io mi ero infatti informato, prima della partenza, non solo presso le autorità britanniche, bensì anche chiamando l'ambasciata finlandese di Londra. Loro mi confermarono come l'Italia facesse parte del gruppo di Paesi di cui era già riconosciuta come un passaporto la semplice carta d'identità. Peccato però che all'aeroporto di Helsinki questo non lo sapessero ancora. Io in queste cose ufficiali sono sempre molto attento e preciso, per cui quando l'ufficiale all'imbarco non voleva farmi passare, pur avendole spiegato che cosa mi era stato detto, chiesi di parlare con un suo superiore. A lui mostrai quella lista dei Paesi che, prudentemente, avevo chiesto all'ambasciata finlandese di volermi inoltrare via fax, cosa che loro avevo fatta subito. "Mi scusi tanto, ma non siamo stati ancora informati di queste novità." Disse la signora, arrossendo. "Perché, vede" le risposi, "il vostro paese è stupendo, mi è piaciuto moltissimo e sarei rimasto più a lungo e ritornerò di sicuro, però ora mi tocca prima tornare a casa, a Londra!" Incredibile a dirsi, però quella signora mi riconobbe, ad un successivo imbarco, mesi dopo! "Ha mantenuto la promessa, dunque, è ritornato davvero!" disse, con un grande sorriso, da sotto quel suo biondissimo caschetto, tutto finlandese. Intanto però continuavo a pensare a un'altra bionda, un poco meno bionda, quella collega danese dell'aereo per Oulu che non voleva decollare, sparita senza nemmeno salutare alla volta della capitale e poi di chissà quale posto in Danimarca, visto che non avevamo scambiato che pochissime frasi, anche perché, quando noi non lavoravamo, le ronzava sempre attorno il collega portoghese. Ma ebbi in seguito un'ampia rivincita, quando, all'aeroporto di Copenaghen, mentre noi due camminavamo a braccetto, lo incontrammo, anche lui diretto di nuovo a Tampere.

*

Il biturboelica monoplano Fokker 50,
che ormai fa parte della storia dell'aviazione

Con i suoi oltre 200.000 abitanti la seconda città della Finlandia, Tampere si trova a poco più di due ore d'auto a nord di Helsinki. Noi però ci arrivavamo sempre in aereo, su uno di quei piccoli biturboelica Fokker 50 che, volando ad altitudini relativamente basse, ti possono regalare le stesse grandissime emozioni dell'ottovolante, altrimenti detto anche montagne russe! Quando hai volato su uno di quei "giocattolini", poi a lievi perturbazioni, sui grossi Boeing 737, Airbus A320, e simili, non ci fai nemmeno più caso. A Tampere, oltre a lavorare, ci divertivamo anche molto. Già l'hotel stesso offriva parecchio svago: piscina, sauna, palestra, discoteca, sala da ballo. E così ballammo anche molto, prima il liscio e poi giù di sotto, in discoteca. Mi fu perfino conferito un attestato di "Rasoio della Pista da Ballo", che è

263

un divertente modo finlandese per descrivere un grande ballerino! Quale onore! E tutto questo, ovvio, dopo una giornata di lavoro negli uffici della Nokia, con pausa pranzo in mensa e cibo sempre ottimo. Cena in hotel, poi gita in battello, perché Tampere è bellissima, tutta circondata da acque e foreste. Una sera, arrivammo fino ad un'isola in mezzo al lago, dove, nel fitto della foresta, un enorme gazebo di foggia russa ospitava una grande pista da ballo. Suonavano solo tanghi argentini, che io allora non sapevo ancora ballare, cioè solo la versione liscia, ma mi buttai ugualmente, ovvio, anche perché la pista era letteralmente gremita di troppe belle donne assai vogliose ... di ballare! E uomini troppo sbronzi per farlo, semmai a loro fosse anche piaciuto, ma forse anche no. Sembravano, poveri loro, preferire la birra!

*

Anche la mia mente era altrove, da qualche parte ancora sconosciuta, ma non ancora per molto, della Danimarca. Rientrati poi all'hotel, si andava a ballare di nuovo e poi in piscina o in sauna. Insomma non saresti mai andato a dormire, perché non faceva mai buio! Qualcosa di simile al crepuscolo durava meno di mezz'ora. Così tu dormivi anche solo tre o quattro ore e poi di nuovo via in ufficio, a tradurre testi per i dannati telefonini! E quella danese, ahimè, c'era sempre. Galeotto fu quel primo viaggio, però la mia strada per Damasco la trovai nei viaggi che seguirono. La danese c'entrava solo in parte. Mi si aprirono gli occhi, come in una rivelazione, appunto. Che cos'era ormai la mia vita? Lavorare per mantenere la famiglia e basta? Eh, no che non mi bastava! Cominciai proprio così a svegliarmi davvero da quel torpore "demelliano". Anthony De Mello la diceva bene questa cosa. Prima, che bisogna svegliarsi, ma che noi non lo facciamo volentieri, perché si sta troppo bene a dormire. Poi però, quando saremo stufi, ma proprio stufi di essere stufi, la nostra vita cambierà. Così prometteva De Mello. E fu proprio così che la mia vita cambiò, non troppo tempo dopo. Qui mi vengono anche in mente quei forti versi finali della stupenda poesia 'Fumatori di carta', di Cesare Pavese. Quella che inizia così: "Mi ha condotto a sentir la sua banda. Si siede in un angolo / e imbocca il clarino. Comincia un baccano d'inferno." E finisce così:

D'un tratto gridò
che non era il destino se il mondo soffriva,
se la luce del sole strappava bestemmie:
era l'uomo, colpevole. Almeno potercene andare,
far la libera fame, rispondere no
a una vita che adopera amore e pietà,
la famiglia, il pezzetto di terra, a legarci le mani.

Io lo feci: me ne andai, lasciando tutto dietro di me. Incontro alla libera fame, per anni a venire. Ma che cosa abbiamo, in questo mondo, di più prezioso della Libertà? Che però ha un costo, come tutte le cose. Bisogna perciò non solo avere il coraggio, ma anche essere disposti a pagare quel prezzo!

*

A bordo di uno di quei "giocattolini",
un Fokker 50: sempre un'emozione,
anche per quei paesaggi lacustri

Durante uno di quei viaggi di andata, restammo bloccati all'aeroporto Arlanda di Stoccolma, senza pilota, perché erano a corto di personale e l'unico pilota disponibile aveva già raggiunto la sua quota di voli. Dopo un'attesa di diverse ore, sembrava che non dovesse succedere nulla e io persi la pazienza, cosa che mi accade, proprio seriamente, solo assai di rado, ma quella volta mollai perfino un calcio ad un tavolino, ribaltandolo, nella sala d'aspetto dell'aeroporto. Questo gesto assurdo dovette però convincere il tizio che si occupava di noi a fare qualcosa, perché io mi ero annotato il suo nome e gli avevo promesso che quelle strisce sulle spalline le avrebbe perse, se non avesse risolto al più presto la situazione. Non si poteva partire fino a domattina presto? Bene, allora ci dovevano procurare dove pernottare. Andavamo tutti a lavorare per la Nokia e vi sarebbero state serie conseguenze, se fossimo mancati all'appello. Non era vero, solo alcuni di noi eravamo colleghi. Non mi piace minacciare la gente e perciò non lo faccio quasi mai, ma quando ci vuole. E funzionò! Mezz'ora dopo, due grandi pullman ci portavano ad un hotel, dopo un bel pezzo di strada, dove trovammo un magnifico buffet ad attenderci e camerieri, assonnati ma molto cortesi, a servirci. Dormimmo poco, quella brevissima notte, perché la nuova partenza era prevista per le prime ore del mattino. Ma arrivammo puntuali negli uffici della Nokia. Qualcuno sembrò turbato da quel mio insolito scatto d'ira, ma ci fu anche qualcuno che mi ringraziò, quella mattina all'imbarco.

*

Ero diventato un "frequent flyer"!

Un'avventura di gran lunga più piacevole fu quella vissuta a bordo di un volo della Finnair da Helsinki a Londra Heathrow, che durava quasi tre ore. Troppo poche tuttavia mi sembrarono, quel pomeriggio! Si vede che a quei tempi i posti sugli aerei non sempre erano assegnati o prenotati, non ricordo. Ricordo però benissimo che ne stavo cercando uno di libero, quando vidi, seduta al finestrino, tutta sola, sul lato sinistro dell'aereo, una creaturina minuta e graziosissima, una vera bambolina orientale. Chiesi se fosse libero qui, mi rispose sorridendo di sì. Fu subito evidente che lei fosse sicuramente anche molto simpatica. Non mi sbagliavo. Dopo poco infatti, lei mi disse che non aveva senso urlare tra di noi, con quel posto libero in mezzo. Io mi ero seduto al corridoio, per non sembrare troppo invadente. Preoccupazione superflua! Ad un certo punto, lei mi prese perfino a braccetto, per dimostrarmi quale fosse l'unico modo per poter mangiare, su certi voli, senza prendersi a gomitate! Non smettemmo quasi mai di ridere e scherzare, per tutta la durata del volo, sicuramente il più piacevole delle dozzine che ho avuto modo di fare negli anni. A Heathrow, ci salutammo a malincuore, anche lei sembrava molto dispiaciuta che fosse già finito questo nostro breve, brevissimo idillio. Ci eravamo tuttavia presentati e scambiati biglietti da visita. *"My name is Naomi Miyashita."* Mai più vista, o forse sì, però mai più dimenticata. In aereo, mi aveva dato del *baka,* cioè tonto, idiota, scemo (che lei traduceva in inglese con *fool* (come in quella bella canzone dei Beatles, *'The Fool on the Hill'*) però scherzosamente, ovvio. Rideva di gusto, infatti, mentre me lo ripeteva spesso che ero proprio *baka!*

Era di gennaio. Un giorno che rientravo non so più da dove, mia moglie mi chiese chi conoscessi in Giappone. In Giappone? Nessuno, credo. Ah, no, quella ragazza, sì, Naomi, di cui ti ho raccontato, ricordi? Lei come risposta mi porse un pacchettino decorato da merletti e bellissimi francobolli che mostravano variopinti uccelli giapponesi. Me lo ricordo bene, perché lo conservai a lungo, ma poi, sai com'è, dopo cento traslochi. Dentro, una deliziosa letterina, in cui Naomi mi ringraziava per "il volo più bello della sua vita" e mi augurava un buon San Valentino. Il resto della scatola era occupato da squisiti cioccolatini a forma di cuore! Dicevo forse, prima, perché *forse* di Naomi incontrai l'*alter ego* alla Philharmonie, qui a Berlino, insieme a Filippo, non tanto tempo fa, quando ancora si poteva andare ai concerti, prima che scoppiasse questa follia globale della presunta pandemia. Quella sorta di luogo sacro della musica vide i direttori d'orchestra fra i più illustri di tutti i tempi, dall'incomparabile Herbert von Karajan, al nostro grandissimo Claudio Abbado e fino al più recente Simon Rattle, Là incontrai, per un felice caso, mentre andavo a prendere un paio di caffè per me e per la mia compagnia, il caro, vecchio amico Filippo, l'altrettanto squisita giapponesina Maaya, che lavora (povera lei?) per l'OMS, ma si salva suonando il violoncello! Avrò un certo debole per le donne giapponesi? Ma certo che sì! E non a caso: una di loro è perfino una delle mie due nuore! Però della dolce Maaya ti racconterò un pochino meglio più avanti ...

Alla Philharmonie di Berlino, con l'amico Filippo,
quando eravamo ancora liberi di circolare
e di fare interessanti nuovi incontri

Rientrato al campo base, a Londra insomma, pensavo a tutta quella gente nuova che avevo conosciuta, chi più e chi meno, in quei folgoranti giorni finlandesi. Folgoranti è la parola giusta, non solo per l'aurora boreale! A parte la fatidica bionda danese e le nostre accompagnatrici, Laura e Pirkko, tra i tanti colleghi mi erano rimaste soprattutto nel cuore le due simpaticone Laura, dall'Arizona, e Françoise, che abitava a Parigi, però era originaria della "Costa", come mia moglie Marie-Solange. Ma nemmeno uno solo, dei vari uomini? No, ahimè!, perché, come spesso accade, nessuno di loro era davvero interessante, a parte magari il portoghese Francisco, che però mi si presentava come un potenziale rivale, dunque automaticamente meno simpatico, poveretto, di quanto lui non fosse in realtà. Finii per conoscerlo ed apprezzarlo meglio poi, perché più avanti lavorai a qualche progetto per lui, che gestiva un'agenzia, oltre ad essere traduttore lui stesso. Quel primo viaggio mi aveva letteralmente destabilizzato. Mi sentivo ora come disarcionato, una cosa del tutto inattesa, da un cavallo che avevo, a torto, ritenuto ormai vecchio e tranquillo! Ero ritornato subito in sella, come bisogna fare sempre, in quei casi, ma non ci stavo più comodo. Né volentieri. Non tardò perciò molto ad arrivare il giorno di quella grave decisione di mettere fine al matrimonio.

Decisione che fu allora presa bilateralmente e in tutta serenità, anche se mia moglie poi si rimangiò la parola data, chiedendo il divorzio come parte lesa, un anno dopo, per non voler attendere un altro anno. Anche sua madre le aveva detto che doveva sapere di preciso come stavano le cose! Che grandissima sciocchezza! Sapevamo benissimo come stavano le cose, ufficialmente cioè: eravamo separati da un anno e tra altri dodici mesi avremmo finalizzato la cosa, pacificamente, in qualsiasi normale tribunale inglese. Mi arrabbiai parecchio, quel giorno, e se non insultai mia moglie al telefono, fu solo per quella buona dose di rispetto che avevo ancora per lei, ma anche di autocontrollo! Forse è quella l'unica cosa, semmai, che rimprovero ancora oggi a mia suocera Madeleine, che avrebbe fatto molto meglio a starsene fuori da una faccenda già sistemata. Prima però di arrivare a quel grande passo, che poi mi portò a cambiare paese, mi attendeva ancora qualche avventura, mentre vivevo a Londra. Quella finlandese era destinata a finire, perché la Nokia iniziò a cercare di fare economie di ogni sorta a nostre spese e l'agenzia tardava a pagare e così un giorno decisi di metterci io la parola fine, sebbene naturalmente a malincuore, a quella avventura indimenticabile, che mi aveva portato dai campi da golf di Ascot fino alla magia delle nevi finlandesi e dell'aurora boreale, ovvero *revontulet,* come la chiamano in Suomi: il fantasmagorico "fuoco della volpe"!

*

Brava o bravo è chi riesce ad ascoltarmi così a lungo! Perciò, ti ringrazio di cuore, per la grande attenzione che hai voluto prestarmi fin qui! Abbiamo iniziato il nostro lungo, avventuroso viaggio in quel paesello del Bellunese, Meano di Santa Giustina, per arrivare fino alla metropoli londinese, passando per Trieste, Trento, Bad Reichenhall, Monaco di Baviera, Lugano e Bonn. Con alcune brevi escursioni in *Suomi,* alias la Finlandia. A questo punto, mentre già contemplo la possibilità di lasciare Londra per la Danimarca, siamo nel 1994 e ho ormai raggiunto la gran bella età di quarantatre anni! La mia storia non è però certo terminata e di avventure da raccontarti ne avrei davvero ancora tante, anche senza arrivare a questa mia odierna e quasi veneranda età di settant'anni, mentre attendo, ma non senza una certa sciocca trepidazione, di scoprire se questo importante genetliaco mi sarà consentito – da parte di coloro che vorrebbero rubarci le nostre Vite – di festeggiarlo con gli amici più cari, con Filippo anche, a Belluno, Treviso e dintorni! Ma TU non mi scappare via proprio ora, ti prego! Perché, comunque vadano le cose, quelle belle storie io te le vorrei raccontare lo stesso ...

* * *

.

'Lunchtime concert', nella chiesa di St Martin-in-the-Fields,
una vera chicca architettonica di James Gibbs.
Costruita negli anni Venti del Settecento,
domina Trafalgar Square, di fianco
alla famosissima National Gallery

275

Magari bastasse solo aprire un finestrino,
per far entrare più aria in queste
nostre asfittiche esistenze!

RINGRAZIAMENTI

"I get by, with a little help from my friends!"
(The Beatles)

Ringraziamenti sinceri sono dovuti alle amiche ed amici che hanno contribuito alla nascita di questo secondo libro, con aiuto pratico, incoraggiamenti, commenti e preziosi suggerimenti.

Un grazie molto speciale va al mio amico tedesco ma quasi più italiano di me, Matthias "Pitór", per la bella copertina e i preziosi suggerimenti vari. Un altro grazie particolare è dovuto al maestro Enrico, per le indispensabili correzioni della bozza digitale. Quanto poi a Mariateresa, Silva, Lia, Anna Maria, Sandro, Silvia, Denise, Vanessa e Wassim, a loro vanno gli stessi ringraziamenti da me già espressi nel primo volume, perché, senza il loro contributo, forse non sarebbe mai nato nemmeno quel primo libro e, di conseguenza, nemmeno questo secondo!

Infine, devo anche stavolta ringraziare tutte quelle persone – belle e meno belle – che ho raccontate in queste pagine, perché sono anche loro che, in tanti modi diversi, hanno fatto della mia Vita quella che è stata e che, spesso, continua ancora oggi ad essere: molto speciale! Una Vita per la quale io continuo a sentirmi sempre veramente molto grato e riconoscente.

UN GRANDE GRAZIE,
DAVVERO DI CUORE,
A TUTTE & TUTTI !!!

*Londra, la mia città, che pure in certi punti quasi non
riconosco più, tanti e tali sono stati i cambiamenti:
i nuovi edifici ed infrastrutture costruiti, come il
'London Eye' – l'occhio di Londra – e quelli
scomparsi, cancellati, ed altro ancora*

BIGLIOGRAFIA, ovvero TUTTI I LIBRI
di GUIDO COMIN alias PoetaMatusèl

- I Versi dell'Airone
  (Versi da una vita variegata)

  Albalibri Editore, 2014 /
  Ed. Le Muse Scontente, 2021

- Topinambùr
  (Un solo fiore, giallo)

  Ed. Le Muse Scontente, 2017

- All Is Well In The Snows
  (Love Poetry For A Frosty Lady)

  Ed. Le Muse Scontente, 2018

- Tre Donne, Tre Muse, Un Solo Mare
  (Poesie d'amore per i tempi dell'odio)

  Ed. Le Muse Scontente, 2018

- Poesie Per Quattro Paesi
  (Pensieri giovanili, 1969-1973)

  Ed. Le Muse Scontente, 2019

- SOGNAVA CORINNA [Volume 1]
  (Storie dalle tante vite di un randagio paneuropeo)

  Ed. Le Muse Scontente, 2021

NB: Tutti disponibili online presso Amazon!

*Quella sensazione di nuovo è ancora più forte, se guardo
verso est; della nuova skyline, infatti, non riconosco più,
dei miei bei tempi, che la cupola di Christopher Wren:
la cattedrale di Saint Paul's. Sarò anche un inveterato
romantico e nostalgico, ma Londra mi piaceva molto
di più come la conobbi, com'era quando me ne
innamorai, mezzo secolo fa!*

CONTATTI

Guido Comin PoetaMatusèl
lo trovi anche sul blog:
http://www.poetamatusel.org/

Facebook:
https://web.facebook.com/guido.comin/

Twitter:
https://twitter.com/GuidoComin/

Instagram:
poetamatusel

TikTok:
poetamatusel

Skype:
Guido Comin

Pinterest:
PoetaMatusèl Guido Comin

LinkedIn:
Guido Comin

Amazon Author Central:
Guido Comin

@Mail:
poetmatusel@gmail.com

CAVEAT

Ogni riferimento
a persone realmente esistite
o eventi effettivamente accaduti
non *è puramente casuale,*
bensì espressamente
voluto!

Printed in Poland
by Amazon Fulfillment
Poland Sp. z o.o., Wrocław